Adlerian Psychology for Social Workers
How to Support Clients in Practice

ソーシャルワーカーのための アドラー心理学

どうすればクライエントを支援することができるのか

佐藤健陽

アルテ

はじめに

人は生まれた時、誰しもが自分一人では何もできない無力な存在です。母親や家族などの庇護のもとにいられる間は安心安全に生きていられるでしょう。しかし、やがては子どもは外の世界に出ます。その時、何らかの理由で周囲の環境や集団について行けずに取り残されてしまうことがあります。

それは例えば知的なハンディキャップにより授業についていけなかったり、あるいは家庭の経済的余裕がなくてみんなと同じように塾に行けずに勉強で遅れを取ってしまうのかもしれません。あるいは、虐待などを受けて家族の中でさえ生きていくのが大変な子どももいるでしょう。

では大人になれば大丈夫かと言っても、今度は職場でパワハラに遭い、うつ病になって休職してしまう人もいれば、離婚して子育てしながら働くことで経済的に不安定な人もいるでしょう。突然難病や障害を負ってしまうこともあります。高齢になっては社会との関わりが少なくなって老いと死への恐怖に直面する人もいれば、不本意ながらも施設に入る方もいるでしょう。

こうして考えてみると、人は社会と接した時に何らかの理由で集団から取り残されたり不遇な位置に置かれたりして、それに伴って様々な問題が起こるのでしょう。

ケースワークの母と呼ばれるメアリー・リッチモンド（一八六一～一九二八）は言いました。


「ソーシャル・ケース・ワークは人間と社会環境の間を個別に、意識的に調整することを通してパーソナリティを発達させる諸過程から成り立っている」（『ソーシャル・ケース・ワークとは何か』P57）

リッチモンドが言うように、人と社会環境の接点に介入し、人々がより良く生きていくことに関わっていくのがソーシャルワーカーです。日本で言うならば、国家資格である社会福祉士や精神保健福祉士が該当しますが、実際には資格がなくとも福祉や医療、学校現場などで、相談員、役所のケースワーカー、ケアマネ等の様々な立ち位置で活躍されています。例えて言うなら、人と社会の間をまるで血液のように滞ることなく流れて、みんなが元気に生きていけるよう自在に動き回って酸素や白血球、血小板など必要なものを必要に応じて届けたり調整するようなイメージでしょうか。

リッチモンドは、十九世紀後半にイギリスで始まったソーシャルワークの原型と言われる慈善組織協会（ＣＯＳ）の活動にアメリカで携わりました。貧困家庭への訪問活動を行い、児童労働委員会の結成、少年裁判所の設置、専門職への教育活動など多方面に渡って活躍しました。

そして、リッチモンドとほぼ同時期にオーストリアで生まれたのが、この本で紹介するアルフレッド・アドラー（一八七〇～一九三七）です。アドラーは精神科医であり心理学者ですが、それにとどまらずアドラーもまた多方面において活躍しました。公衆衛生の啓蒙、予防医学の推奨、児童相談所の設立、貧困層への診療、公開カウンセリング、教員やソーシャルワーカー・学生への専門教育、講演や執筆活動等、欧米を飛び回って活躍し、ある意味ソーシャルワーカーや医師をも超えた社会活動家のようでもあります。

アドラーもリッチモンドと同様に、若者や大人の混乱は個人とその社会環境の間の相互作用の中でのみ起こると言いました。そうして、人と人、人と社会が出会うその接点で何が起こっているのか、そしてどうすれば幸せになれるのか、それを一貫して追求したアドラーはまさにソーシャルワーカーが目指すべき所のウェルビーイング（良好な状態、幸せ）を高めようとした人と言えるでしょう。

その実践的な知恵は、福祉・医療・教育などに実用的に活かせるものです。ただ、日本の福祉やソーシャルワークにおいてはアドラーの知恵は活用されていないと言うより、これまでほとんど名前すら上がることはありませんでした。私が今回、本書を書くに至った動機の一つはそこにあります。

私は現在は心理カウンセラーを主としてソーシャルワーカーとしても活動していますが、これまでソーシャルワーカーとして実践してきた中で、これでいいのかどうかと迷う場面は何度となくありました。それは相談に来られた人への接し方だけでなく、ご家族や関係者との関わり方、組織の中でのあり方や組織の限界等様々で、答えのない答えを求めるような難しい状況に出会うことがしばしばあります。ソーシャルワーカーの方であれば誰しもが大なり小なり体験していることでしょう。何が正しくて何が正しくないのか、そういった迷いの中で道標を見失った時に必要なもの、それは目指すべき指針であり、そしてそこへ向かう確固たる信念とそれを裏付ける対人援助スキルといったものでしょう。そして何よりも人間というものを深く知る必要があります。

この本ではそういった言わば、哲学、スキル、知識の必要性に対する答えを、アドラー心理学の理論をベースにソーシャルワークの各理論などと絡めて伝えていきたいと思います。この本はソーシャルワーカー向けに書かれていますが、他にも対人の仕事をしている様々な方に是非読んで頂きたいです。なぜなら人との関わり方の良し悪し一つで仕事の結果、すなわち目の前に来られる方々のウェルビーイングに大きく影響を及ぼすからです。

古今東西、人間の本質はそうは変わりません。そして人が人として社会に生きる以上、これからも何らかの問題が生じることは避けられないでしょう。今後、二十一世紀の多様性の時代に生じる多様な問題に求められるソーシャルワーカーの資質の向上のために、そしてその実践に役に立つことを願い、筆を進めていきます。

目次

はじめに　3

第一章　アドラーとその軌跡　11

第二章　アドラー心理学によるラポール（信頼関係）の構築

生き辛さを抱えた人の世界　19
バイステック7原則とは　24
アドラー心理学によるラポール構築の仕方　26
非審判的態度で関わる　37
クライエントの見ている世界を理解する　40
第二章のまとめ　46

第三章　目的論で関わる

目標を一致させる　49
原因論と目的論の違い　55
他者の課題を背負わない——課題の分離　63
第三章のまとめ　69

第四章　自他を勇気づける

対人援助の推移　71
二つの「じりつ」支援　74
ほめると勇気づけるの違い　79
勇気づけの態度とは　89
自分の価値を増す　94
ダメ出しとヨイ出しの効能　99
リフレーミングで勇気づける　104
不完全な自分を許す勇気を持つ　113
勇気の湧き出る源を知る　118
第四章のまとめ　122

第五章　ソーシャルワーカーが目指すべきゴール
私たちが支援する人たちの世界　125
（1）生い立ちから成人まで　126
（2）人生終盤の諸相　134
ソーシャルワークの定義とゴール像　144
（1）共同体感覚　147
（2）勇気づけとパーソナリティの発達　155
人生の終盤の生きる意味　164
第五章のまとめ　172
おわりに　175

第一章　アドラーとその軌跡

それではまず、この本のベースとなるアドラー心理学の祖、アルフレッド・アドラーがどのような活動をしてきたのか、その生涯の軌跡を追っていきます。

アドラーは十九世紀後半にオーストリアのウィーンで生まれました。幼少期にはくる病や肺炎を患って病弱だったこと、そして死にかけたことでアドラーは医師になることを決意したようです。その意志は揺らぐことなく、やがてウィーン大学の医学部に入学します。卒業後は眼科医に始まり内科医として開業しました。理想主義で情熱的だったアドラーは患者を選ぶことなくお金持ちから貧しい人まで、むしろ多くが貧しい人だったようで、ほとんどお金を払えない人や、中には全く払えない人もいたようです。

そして二八歳の時、論文集の一つとして『仕立て業のための健康手帳』というタイトルで初めての出版をします。当時、オーストリアの仕立て業の中でも小規模の工場の労働環境は非常に劣悪で、時に一日十八時間の労働を強いられることもあったようです。衛生環境もひどく、暗く風通しの悪い工場ですし詰めの状態で働き、肺結核になる確率は他の業種よりも高く伝染病も多かったようです。

そこでアドラーはこの著書の中で、労働時間や賃金制度の改善、そして新しい労働法の制定を提案しました。こういった医学の領域を越えた社会医学を世に訴え、当時主流であった学問としての医学を批判しました。更に職人自身が健康面での情報を得られるよう大衆教育を提案しました。今で言うところの予防医学です。時あたかも日本では明治時代中期に当たる頃の話です。

このように医学の領域を超えて衛生環境や社会環境を改善することを提案したあり方は、アドラーより先人ながらも同時代に活躍したナイチンゲールを彷彿とさせます。また、一対一の患者への視点だけでなく、工場や業界、そして立法の提唱にまで及ぶ、ソーシャルワークで言うならば、ミクロ・メゾ・マクロという広範な視点で活動し、必要であればソーシャルアクションを起こす社会活動家としてのあり方が既に二〇代にして伺えます。また、アドラー心理学で言うところのライフスタイル（生き方のパターンのようなもの）という視点で見るならば、現状に安穏とする保守的な生き方ではなく第二子としての革命家的あり方が垣間見えます。

その後も予防医学の論文を出し続け、一九〇四年に出した「教育者としての医師」という論文の中でアドラーは、子どもの教育に大切なこととして、子どもを愛すること、子どもが自分自身の力に自信を持つようにすること、子どもたちに決定の自由を残すようにすることなどを主張しました。こうして、次第にアドラーは教育の重要性に関心が向くようになっていきました。アドラーはこの論文の最後を以下のように締めました。

「子どもたちに我々が得ようと求めるものを享受させよう。空気、水、栄養など、今日得られないものを、我々の子どもたちには十分得させよう。我々は、いつの日か我々の子どもたちが衛生的な家、十分な給料、労働の尊厳、堅実な知識を得られるために闘っている。我々の汗が子どもたちに平和をもたらし、子どもたちの健康のために我々は闘うのである」（『アドラーの生涯』p77）

やがて第一次世界大戦に軍医として二度従軍したアドラーは、傷ついた兵士を治療して再度前線へ送り返さなければならない自身の任務に悩みました。そして大戦を機に共同体感覚という考え方の重要性を説き始めました。自分以外の人々への関心や協力・貢献を増すといった、医師という立場での科学的な視点から外れ、ある意味、宗教的にも取られかねないことを述べ始めたことに仲間たちは戸惑いました。多くの仲間がこれにより離れていったようです。

しかし、その後もあり方は変わらず、むしろ共同体感覚への確信を増していった様子が伺えます。そうして心理学講座などの活動を始め、出版を重ねていく中で、次第にアドラーの名前は教育、医学、心理学、ソーシャルワークなどの分野で国際的に知られるようになっていきました。

そして、児童相談の診療所を設立し、教師やソーシャルワーカーなどの専門職向けに子どもたちへの対応の仕方などの教育活動を始めました。そこでは参加者の人々が見ている前で教育困難な子どもや親への公開カウンセリングを行いました。また、教育研究所の教授として採用されて数多くの教師がその講義を受講し、障害児教育の大学院コースなども開設しました。やがてヨーロッパ各地を講演して回るようになり、自身の心理学である個人心理学の普及に努めました。

その後、大陸アメリカへ渡って熱狂的に迎え入れられ各地を講演して回りました。アメリカでも同様に、心理学者や精神科医などの専門職向けに講義を行うようになり、公開カウンセリングや事例検討を行いました。そこでアドラーのセッションを直接見た専門家たちは、子どもたちや親とすぐにラポール（信頼関係）を作っている様子に衝撃を受けました。そうしてアドラーに出会い、影響を受けた人の中には、後の人間性心理学の先駆者となる若き日のカール・ロジャースやアブラハム・マズローなどもいます。

しかし、時は第二次世界大戦前夜、欧州でのアドラーの活動の行く手にファシズムの圧政の影が忍び寄るようになり、アドラー派の児童相談所などの取り組みが廃止されていく中で、やがてアドラーは一九三七年、イギリスのスコットランドでの講演旅行中に心臓発作で亡くなりました。享年六七才、惜しまれる死でした。

　こうしてアドラーの生涯の軌跡を見ていくと、多方面の活動振りに目を見張ります。しかし、その目指す所はシンプルで、地球上の人々が幸せに生きるためにあらゆる手段を使って取り組んだ人と言えるのかもしれません。つまり心理学者であることも、講演家であることも一つの手段であり、アドラーの理想への目標追求性という視点から見れば、まとっている服は違えどやっていることは一貫して変わらなかったのです。

　そして、あらゆる人の尊厳を尊重し、子どもも大人も男性も女性も精神障害者も肌の色も、その身分や違いなどによって差別することなく接したそのあり方は、残っているアドラーの発言や振舞いからも十分に伝わってきます。ちなみにアドラーは男女差別の激しかったその時代に男女平等を強く訴えました。女性の参政権獲得を記念してデンマークの彫刻家のティラ・ボルドセンが設計した記念碑の中には、九九人の有名な女性に加え唯一の男性としてアドラーの姿があります。今でこそ男性で男女平等を主張する人は珍しくないかもしれませんが一〇〇年以上も前の話です。フェミニストの先駆けとも言えるかもしれません。

　アドラーの死後、アドラーの個人心理学の様々な活動は次第に途絶えていきました。それはその活動自体が、アドラーのカリスマ性と能力によるものが大きかったということと、第二次世界大戦の混乱とファシズムの圧政によって活動が壊滅させられ、仲間たちが亡くなってしまったことが大きかったようです。しかし、アドラーの謦咳《けいがい》を受けて生き残った後継者たちが、少ないながらも熱心にアドラー心理学を普及し続けてきてくれたおかげで、歴史の荒波に耐えて今なおアドラー心理学が世に残っています。

今でこそアドラー心理学は本屋に行けば心理学や自己啓発のコーナーに所狭しと置かれていますが、一昔前の本屋ではほとんど置かれていませんでした。心理学などの教科書にも名前があるかどうか。日本でのアドラー心理学は、アドラーの後継者から教えを受けた次の世代の方々のたゆまぬ努力と実践により、黎明期の困難な状況を乗り越えて今に至ります。

アドラー心理学の理論は、時に共同採石場などとも言われ、自己啓発や心理学の様々な分野に活用されています。人生のあらゆる問題は対人関係の問題と言ったアドラーの言葉にあるように、人と人とが関わるあらゆる分野に実践的に活用できるものです。そして一〇〇年早かったと言われるその理論に、ようやく時代が追いついてきた感さえ感じることがしばしばあります。

ソーシャルワークの分野でも、解決志向アプローチ、ストレングスモデル、ナラティブ・アプローチなど様々な相談援助技術が開発されていますが、アドラー心理学の理論との類似性を感じます。と言うよりもアドラー心理学の理論がそれほどまでに広範かつ普遍性を持つものであるからかもしれません。

では、次の章からは趣を変えて、実際にアドラー心理学をソーシャルワークにどう活かしていけば良いかについて、実際の対人援助場面の流れに沿った形で展開していきます。

第二章　アドラー心理学によるラポール（信頼関係）の構築

生き辛さを抱えた人の世界

ソーシャルワーカーがその仕事上で出会う人は、おしなべて何らかの困難や生き辛さを抱えています。子どもから高齢者まで年齢を問わず、男女を問わず、身分も問わず、様々な立場の方がご相談に来られます。内容も、虐待、不登校、引きこもり、障害、貧困、難病、ＤＶ、就労困難、疾病、介護、人権等々、様々です。

それら全てを総称するならば、集団について行けなくなってしまったこと、あるいは集団から取り残されてしまったことによる問題とも言えるかもしれません。そういった方々があなたと初めて会った時にどんな表情をしてどんな様子でいるのでしょうか。中には一目見た瞬間に、生き辛さの様子がすぐに伝わってくるような方もいます。例えばうつの方は、みんながみんなそうではないですが、中には動きが緩慢で猫背だったり、表情も眉間にしわを寄せていたり、あるいは表情を失ってしまったような人もいます。話すのも緩慢でその空気感の重さに引きずり込まれてしまいそうに感じてしまうこともあります。

あるいは、傍目には困り事や悩み事があるとはとても思えないような人もいます。ある印象的な方がいました。初めて会ったにもかかわらず、明るく親し気に話してくるその様子に人懐っこさを感じました。実際、自然に人が集まってくる人気者で人を惹きつける方でした。やがて相談に乗っていくと、幼少期にあった壮絶なまでの虐待経験を何の感情も交えずサラリと人ごとのように話すその様子に何かうすら寒くなるような思いをしたことを覚えています。その話を聞かなかったらまさかそれほどの体験をして困っている方だとは全く思わなかったでしょう。

また、以前に障害者関連の仕事をしていた時のことです。他の支援機関の方がある知的障害を持つ場面緘黙《かんもく》の方を紹介で連れて来られました。場面緘黙とは、家などでは普通に話せるのに外では話せないような人を言います。私にとっては初めての場面緘黙の方との対面でした。更に知的障害を持っているとのことです。どの程度どのように話が通じるのか、私はためらいながらも穏やかに話しかけました。

「はじめまして。佐藤と言います。じゃあここからは私から少しお話させてもらいますね」

「……」

ピクリともしません。私は何とか反応を引き出そうと話題を変えます。

「エアコンちょっと効きすぎて寒くないかな。大丈夫ですか？」

「……」

「寒かったら言ってくださいね」

「……」


マスクをしてかろうじて見える目は警戒気味に私を凝視したまま微動だにしません。その後も全くの無反応。先方の支援機関の方も特にフォローがないまま様子を眺めています。私はいたたまれなくなって、雲をつかむような思いで、冬に汗を垂らしながらその面談を進めていったことを覚えています。

他にもクレーマーのように挑戦的に話してくる人、すがるような思いでこちらを見つめてくる人、本当に様々な方が来られます。では、こういった方々の心象風景とはいったいどのようなものなのでしょうか。

先ほどのうつの方で言えば、例えば夜眠れなかったり、気持ちが落ち込んでしまうことに悩んでいるのかもしれません。あるいは職場での上司のパワハラに悩んでいるのかもしれません。

また、明るくて人気者の虐待経験者の方の例で言えば、子どもの頃に辛い思いをした分、人とのつながりを求めているのかもしれません。あるいは何か感情がマヒしたような現実感のない日々を空虚感や得体の知れぬ苦しみと共に過ごしているのかもしれません。

場面緘黙の方の場合、家の外の世界は危険だと思って警戒しているのか、あるいは知的障害により会話することがうまくできなくて人と話すことを諦めているのかもしれません。真実は分かりません が。


いずれにせよ、こういった方々の心象風景は、他の人々と自分だけが違うことへの疎外感、まるで落伍者になってしまったかのような劣等感、そして他者への警戒感といったようなものがあるのかもしれません。たとえば、自分は他の人と違う、なんで自分だけが、人はいつ何するか分からないといったような考えを持ちながら、そうして他者と自分との間に何か見えない壁があるのを感じているのかもしれません。いや、もしかしたら自ら壁を作っているのかもしれません。そして壁の内側は人とのつながり感が感じられない孤独の世界です。

孤独は古今東西を問わず、人間にとっての普遍的な問題です。二〇一八年、イギリスで孤独担当大臣のポストが新設されました。当時のメイ首相は「孤独は現代の公衆衛生上、最も大きな課題の一つ」と語り、孤独が医療費や経済に影響を及ぼすとして国を挙げて取り組む決意を表明しました。また、それに先立って立ち上げられた委員会の調査によって、孤独を感じている人の三分の二が生き辛さを訴えており、孤独が肥満や一日に一五本のタバコを吸うよりも有害であると公表されました。孤独は決して我慢すればいいようなものではなく、実害のある社会が取り組むべき問題であると啓発したのです。

私は東京社会福祉士会に所属しており、そこで高齢者の夜間安心電話相談を長年していますが、最も多い相談内容が、夜がさびしい、夜が怖いというものです。日中は何かしら医者なり近所の方なり人と話す機会があります。ところが夜になると一人暮らしの身にいたたまれないような、何か居ても立ってもいられないようなほどの孤独感に襲われるようです。

私は切々と夜の孤独感や言い知れぬ恐怖を訴えられる方々と話してきた中で、人は夜になると現代文明から野生時代に帰ってしまったかのような感覚に襲われることがあるのではないかと思わずにはいられません。闇は猛獣の襲来を恐れていた時代にＤＮＡに刻まれた原初的恐怖を甦らせるのでしょうか。その時代においては、群れに属していない時こそが人間の最大の危機です。その孤独状態の危機を、人は本能的に夜の闇に感じ取るのかもしれません。

誰しもが人生で順調にいっている時は居場所があります。自分には何らかの価値があり誰かの役に立っていることを実感し、仲間がいます。自己の存在意義を実感するのです。しかし、何らかのハンディキャップや能力の衰退などによって集団からこぼれ落ちてしまったような感覚に陥った時に、人はこの世界での居場所を見失います。そして、つながり感が希薄になり、代わりに孤独感が身を包みます。そういった心象世界にいるかもしれない方々が、何らかの助けを求めて私たちの前に現れます。その時どのように、どう対応していけば良いのでしょうか。

バイステック7原則とは

個人に対するソーシャルワークをケースワークと言います。ケースワークの起源は、十九世紀後半にイギリスで、貧困家庭に対する友愛訪問という形で行われた慈善組織運動にあります。当初はある意味、取り調べのように事情聴取を行い、必要に応じて指示・指導するようなものでした。しかし、そこに人間味や温かさの必要性を唱え実践していったのが、メアリー・リッチモンドです。リッチモンドはその著書の中で偉人ヘレン・ケラーを教育した家庭教師サリヴァンのあり方を、教育及びソーシャルワークの最高の方法と賞賛しています。リッチモンドは、ともすれば機械的だったり、あるいは上から下への施しになりがちだったソーシャルワークに、更に言えば理論的体系のなかったソーシャルワークの分野に、ある意味始めて「マインド」と「理論」という二つの魂を入れた人とも言えます。

やがて、一九五七年にアメリカの司祭で社会福祉学者でもある、F・P・バイステックが「ケースワークの原則」を出版し、世界各国に反響を及ぼしました。バイステックはケースワークの７つの原則を提唱しました。社会福祉士や精神保健福祉士など、社会福祉を学ぶ学生にとっては何度となく教科書や試験に出てくる有名な理論です。要点は以下のようなものです。

バイステック７原則

1　個別化の原則……クライエントを個人として捉える
2　意図的な感情の表出の原則……クライエントの感情表現を大切にする
3　統制された情緒的関与の原則……援助者は自分の感情を自覚して吟味する
4　受容の原則……受け止める
5　非審判的態度の原則……クライエントを一方的に非難しない
6　クライエントの自己決定の原則……クライエントの自己決定を促して尊重する
7　秘密保持の原則……秘密を保持して信頼感を醸成する

（『「ケースワークの原則」援助関係を形成する技法』バイステック、誠信書房　参照）

バイステックは、リッチモンドから更にケースワークの相談援助を実践的な方法論にまで落とし込みました。そのため対人援助を初めて学ぶ人にとっても、時に曖昧で捉え所のない相談援助のポイントを分かりやすく理解し、かつ実践できるものにしています。

では、ここからはバイステックの7原則とアドラー心理学を照らし合わせながら、相談に来られた方々との関係作りの流れに沿って解説していきます。

アドラー心理学によるラポール構築の仕方

先述したように、生き辛さや困りごとを抱えた方は、不安や恐れを感じながら相談に来られます。ドアを開け、椅子に座ってあなたと初めて対峙した時、決して楽しい話をするとは思ってもいないでしょう。たとえばなかなか定職につけずに生活が苦しい方が相談しに来られた時は、中には自分の財布の中身など言いたくないことを言わなければならないこともあるでしょう。そしてそこには決して怠けているわけでもない、その人なりの何らかの事情を抱えているかもしれません。そうして窓口に来てあなたに出会います。あなたの心境はさておき、第一声を話す前から既にもう関係性の構築が始まっています。あなたを見た瞬間から、優しい人か信頼できそうな人か、そこに意識を置いて人となりを見定めようとしているかもしれません。あなたが好むと好まざるとに関わらずです。一目見た瞬間、あ、この人は信頼できそうだ、あるいは顔が厳しくて怖そうだなといったように、声、雰囲気、身なり、目線、表情、そういった全てを何気なく、あるいは警戒しながら全体的に捉えます。

しかし、相談される側からしたらこう言っては何ですが、一日のうちに何度も会う人たちの一人に過ぎないかもしれません。仕事上、毎日毎日似たようなケースの方々が相談に来られるので否が応でも慣れてしまうこともあるでしょう。必然的に事務的になりがちなこともあるでしょう。そんな時、事務的に反応されたら相手はどう感じるでしょうか。おそらくほとんどの人が間違いなく違和感や不快感を感じるでしょう。あるいは目線をあまり合わせてくれなかったらどう感じるでしょうか。

私は以前、支援している方の状況を把握するために、精神科医の診察に同行することがよくありました。一緒に診察室に入り、支援を担当している○○ですと自己紹介をします。その時の私の心境はクライエントに近いかもしれません。ちょっと緊張気味に、この精神科医は信用できそうか否かと反応を見ます。挨拶した時に目を合わせない人、名刺を受け取る時に片手で受け取る人。もう既にその時、私の頭の中で良い精神科医、悪い精神科医のふるい分けが始まっています。そして支援している方と一緒に並んで椅子に座ります。近年はかつてとは違いパソコンでカルテを入力する精神科医の方が多いです。そして診察が始まります。

「どうですか？」

精神科医が問います。

「いやー最近あまり眠れなくて」

患者が答えます。精神科医がパソコンに向かい入力します。

「薬は飲んでますか？」

「たまに飲み忘れることがありますけど、だいたい飲んではいます」

「そうですか」


この間、パソコンに向かい合ってなかなか患者の目を見ない精神科医の方がいます。この時、その隣に座る私はどう感じるのか。患者ではないのに少し傷つきます。患者はなおさらでしょう。いや、もしかしたらそういった対応をされることに慣れてしまっていたり、あるいは諦めてしまっているのかもしれません。

よくいる統合失調症のカルテNo249番、生活困窮者の〇〇町在住の四十九才男性ではないのです。彼ら彼女らは人間です。人格があります。彼らには彼らなりの事情があってここに来たのです。人として尊重して扱ってほしいのです。精神科医側にも業務効率化なりブラインドタッチができないなどの事情もあるでしょうが、たとえその事情を患者が理解できたとしても、思考では理解できても感情は理解してくれません。なぜなら傷ついた感覚を感じざるを得ないのですから。

クライエントには一個の人格の持ち主として尊重されるべきニーズと権利があります。これがバイステックの7原則の一つ、個別化の原則です。クライエントは一人の名前を持つ〇〇さんとして、暑くないか寒くないか、分からない所はないか、質問はないかといったように、気遣われることを言わずして求めているのです。「私」という一人の人間がここにいるのです。だから目を見て話して欲しいのです。この点を踏まえず機械的に対応してしまうと良好な援助関係の構築が難しくなります。

こうしてたった一つの目を合わせてくれるか否かでも、こんなにも目には見えない心の動きがあるのですから、たった一回のわずか数分の診察でも無数の目に見えない感情の動きがあります。それは双方向の会話のようであったり、あるいは独り言的な嘆きや失望であったりします。

そして一見、暖かく迎え入れられているようでも援助関係の構築がうまくいかないこともしばしばあります。

以前一緒に働いていた同僚に言葉のトーンが穏やかな方がいました。人生経験も豊富で何となく頼りになりそうです。そうして一緒にサポート的に面談に入ったときのことです。あれこれと優しく声かけて話し始めます。私は隣で聞いています。相談に来られた方も穏やかに話し始めます。ところが、面談が進むにつれて、私の中に何か違和感が膨らんでいきました。同僚の話ばかりで相談に来られた方の声がほとんど発せられません。何でだろう？　疑問に思いながらよくよく聞いてみると、話に間がないのです。

本来、会話はそれぞれがそれぞれの言いたいことを伝え合うことで成り立ちます。自分のターン（順番）、相手のターン（順番）といったように交互になされます。ところが、相談に来られた方が発語にやや困難さを抱えていたのと、同僚の話が穏やかながらも間断なく次から次へと言葉を投げ続けるので、会話になっていないのです。明らかに相談に来られた方がいっぱいいっぱいになってしまっているのが見て取れました。そこで私は介入しました。ここまでで何か分からないことはありますか？　すると相手の反応を待たずに同僚がその言葉を取ってまたあれやこれやと語りかけます。何度か介入を試みてもその辺りの機微が伝わらないため、これはだめだと思ったのを覚えています。

結局、相談者はほとんど話すことなく、問題が明確でないまま時間が来て同僚が意味づけた同僚なりのストーリーで今後の方針について語られました。いったい誰のための支援なのか。明らかに支援と指導とをはき違えていました。

人は自分の事情を分かってほしいものです。それを納得いくまで伝えられることができないままに会話を奪われたら心にモヤモヤが残ります。本当に私の事情は伝わったのだろうか、理解してくれたのだろうかと心配になります。そうでないと何か間違って望まないことが起こるのではないかと不安になります。歯が痛くて肩が凝っているのに、歯の痛みが聴取されないままに肩こりの治療だけ勧められるようなものです。この病院がいい、この塗り薬がいい、お風呂にゆっくり浸かるといいと言われても根本の虫歯が治っていなければ問題は残り続けるでしょう。支援の行き違いです。知的障害者や認知症の方など認知機能面に困難があったり自分の状況の表出がスムーズにできない方々としばしば起こりうることでしょう。

こうして、意思の疎通がうまくいかないような時、あるいは自分の話を聞いてくれないソーシャルワーカーと対峙している時、人は果たして心を許して話すことができるでしょうか。自分の内面のことや恥を感じるようなことならなおさらです。秘密を守ってくれるかどうかすら心配になります。バイステックの7原則の一つ、秘密保持の原則が危うくなるため信頼関係の構築が難しくなります。

そもそも、相談に来られる方々は自分が相談すること自体に弱みを感じていることがしばしばあります。患者やクライエントという立ち位置自体が、助ける人と助けられる人という上下関係になりやすいものだからです。弱みを見せたくない、誰かの世話になりたくない、恥をさらしたくないといった思いを持つ人は多くいるでしょう。

クライエントはソーシャルワーカーに対して信頼感や安心安全を感じられない限りは、警戒感を緩めず表層的な話に終始するでしょう。言いにくいことは話さないでしょうし、支援される立ち位置にも自分を置きたがらないかもしれません。この人は自分の話を否定せずに最後まで聞いてくれる、受け止めてくれる、何を言っても大丈夫だ。その実感が得られてこそクライエントは初めて口を開き感情を表出し始めます。言葉に感情が乗って会話に血が通い始めます。だから必要なことは、聞くのでも、訊くのでもなく、「聴くこと」にあります。

「聴く」という漢字は、十の目と耳と心という漢字で構成されています。アドラーも「相手の目で見て、相手の耳で聞いて、相手の心で感じること」の重要性を何度となく言っています。人は誰しもが自分の目で見て、自分の耳で聞いて、自分の心で感じるものです。しかし、自分はあってもそれはさておき、目の前の相手にただただ耳を傾けて聴く共感的な姿勢こそが、その援助関係を形成する入り口に求められるに違いありません。

アドラーと同時代に生きた童謡詩人で、金子みすゞという人がこんな詩を残しています。

「さびしいとき」

私がさびしいときに、
よその人は知らないの。

私がさびしいときに、
お友だちは笑ふの。

私がさびしいときに、
お母さんはやさしいの。

私がさびしいときに、
仏さまはさびしいの。

私はここに共感の神髄があるような気がしてなりません。人は分かってほしいのです。世間の常識はこうだ、ルールはこうだではなく、私の事情を、私の気持ちをただ分かってほしいのです。相手が分かってくれない時、人は取り残されたような孤独感を感じます。「分かってくれた」と思えた時、何か人と繋がったような、そして何かホッとするような安堵感を感じることでしょう。「分かってくれた」は孤独から繋がりへの回復を意味するのです。

こういったように安心安全が実感できた上で、自分の感情を表出しても全て受け止めてくれるようなあり方が、バイステックの7原則で言うところの、意図的な感情の表出の原則と受容の原則です。7つの原則は相互に絡み合っていますが、こうしてラポール（信頼関係）の構築が始まります。ラポールなきソーシャルワークは困難を伴います。バイステックはクライエントとの援助関係を「ソーシャルワークの魂」と言いました。援助関係の最初に当たるラポールの構築はまさにソーシャルワークの核心です。ラポールなきケースワークやソーシャルワークは、絵に描いた餅のような表面的なものになりかねないのです。

ちなみにバイステックも言っていますが、医師や弁護士などとの関係ではラポールなき援助はあり得るかもしれません。もちろん良好な援助関係があるのが望ましいでしょうが、ラポールがなくてもケガを治したり、法律的手続きを通してサービスの需要と供給が成り立つことがあるからです。けれど、ソーシャルワークにおいてはラポールの構築は必要不可欠とも言えます。ラポールがなかったら、人は相手のアドバイスをはたして聞くでしょうか。もしあなたがクライエントだとして、信頼関係ができていないソーシャルワーカーから、この施設があなたに向いていますなどと言われて、はいそうですかとなりますでしょうか。ご主人から暴力振るわれていませんかと聞かれて正直に話しますでしょうか。そもそもこの複雑かつ明確な答えのないソーシャルワークにおいては、信頼関係なくして安心して我が身を委ねる人はいないに違いありません。

アドラー心理学もこういった信頼関係の構築を重視します。ヨコの関係とも言います。どうしても相談する側とされる側という関係は、医師と患者、教師と生徒、ソーシャルワーカーとクライエントといった上下関係というタテの関係になりがちです。しかし、アドラー心理学においては一人の個性を持つ同じ人と人との対等な関係として、相互尊敬・相互信頼の態度を大切にします。アドラーの実際のカウンセリングや診察時のやり取りが多く残されていますが、そのあり方は子どもに対しても、統合失調症の重度の患者に対しても変わりませんでした。いかに相手を尊重していたか、様子が伝わってきます。アドラーは言います。

「われわれが見てきたあらゆる失敗のケースにおいて、失敗は協力の欠如によるので、まず最初に患者がカウンセラーと協力することを促すあらゆる手段を利用するべきである」（『生きる意味を求めて』Ｐ237）

そして、共同体感覚を高めるための医師と患者の協力作業の重要性を強調しています。治療は二人の人間の課題だから、そういった関係が確立できるか最初に確かめる必要があるということです。

アドラーは言行一致の人でした。治癒不可能と言われた統合失調症の患者が、診察したアドラーを殴ろうと手を挙げた時のことです。アドラーはその時、抵抗しないことを決意します。そして、窓を粉々に割った患者の傷ついた手に包帯を巻きながらアドラーは言います。

「どうだろう？　あなたを治すために二人が何をすればうまくいくと思うかね？」（『生きる意味を求めて』Ｐ238）

そうして協力関係が樹立され、男性に変化が起きました。ここまでやるかどうかの是非はさておき、アドラーが一貫して患者や悩める方々と対等な関係での援助関係を結ぼうとしていたことが伝わってきます。

こうしてラポールが構築されることで援助関係が始まり、次回へと継続していくことになります。様々な支援機関で、この初回面談でのラポールの構築に失敗したために支援に繋がらなくなってしまうことがしばしばあります。また、一旦援助関係が結ばれても途中で信頼関係にひびが入ったために担当者を変えてほしいと言われることもあります。

ソーシャルワークとはまさに、ラポールに始まり、ラポールを維持し、ラポールに終わると言っても過言ではないのかもしれません。

非審判的態度で関わる

こうしてラポールが形成されて援助関係が進んでいく中で、より相談内容が深まっていきます。相談に来られる方々は、時に少なからずの負い目を持っているものです。不登校や引きこもりの親は、子どもをきちんと育てられなかったと思っているかもしれません。生活保護受給者はお金のない自分を恥じているかもしれません。親を高齢者施設に預けている子どもは、親の面倒を見れない自分を情けなく思っているかもしれません。

そういった方々が自身の状況を話す時、普通に話しているようで実は相手の様子を何気なく伺っているものです。特に負い目を非難されることに関してはより敏感でしょう。ダメな親として軽蔑されるのではないか、お金の管理もできないだらしないやつと思われるのではないか、親の面倒も見れない非情な子どもだと思われるのではないかといったように警戒します。

もちろんソーシャルワーカーも一人の人間であり、自分の価値観と相容れない相談内容を聞くことは当然のようにあります。働かない人間はダメ人間だと思っている人が、役所に就職してたまたま生活保護のワーカーとして配属され、働いていない人の担当になることもあるでしょう。自分自身が親に虐待された人が、子育て相談の中で子どもを叩いてしまったという話を聞いてしまうこともあるでしょう。そういった相談内容を聞いて、自分の価値観を元にそれはいけないことと意見したり、たしなめたりしたら、クライエントはどう思うでしょうか。おそらくほとんどの人が拒否感を感じることでしょう。この人は分かってくれないとなります。負い目を感じながらも自己開示して話したのに否定されてしまったことで、相談することが辛くなったり相談を止めてしまうこともあるでしょう。援助関係の危機です。

ソーシャルワーカーには、バイステックの7原則の一つである非審判的態度が求められます。話の内容の良し悪しはさておき、相手の話をそのままに聞くあり方です。受容的態度で話を受け止める。受け入れるのではなく受け止める。ここをはき違えないことが重要となります。自分の思いや考えは一旦脇に置いて、ジャッジすることなく、あなたはそう思っているんですねと相手を尊重して話を理解しようとするあり方です。

とは言え、人は自分自身の価値観なり信念があるのですから、それ自体をなくすことはできません。だから自分自身の価値観や性格をよく認識しておく必要があります。自己覚知です。ソーシャルワーカーとして仕事をしていく上で、自分自身をよく理解しないままに進めていくと、どうしていけば良いか方向性が分からなくなってしまうかもしれません。自分の現在地が分からないままに、地図を見て目的地にたどり着くことは難しいものです。

そして自分の特性をよく理解したうえで、ジャッジと共感の程よいバランスが大切でしょう。ちょ

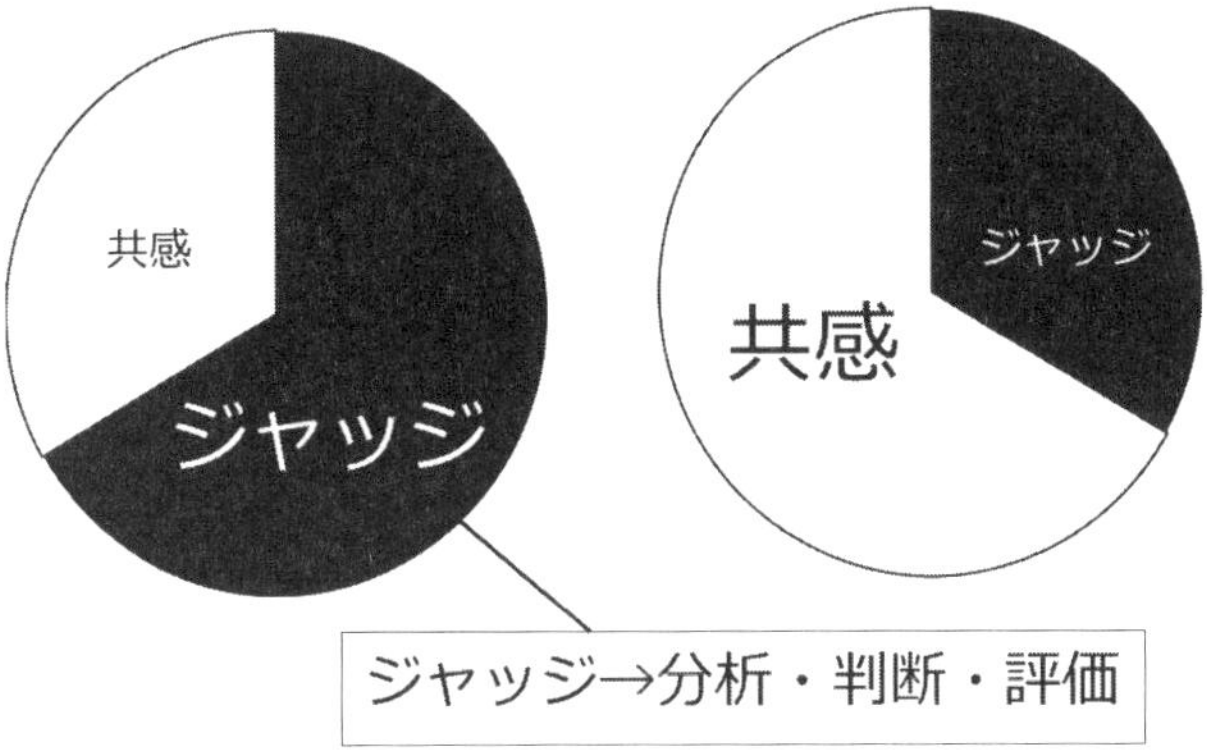

うど、上の図で言うと左側が望ましくないあり方で、右側が望ましいあり方と言えます。なるべく共感ベースで応対するあり方が望ましいでしょう。

ジャッジは判断・評価するあり方であり、人を裁くあり方です。また、仮に否定的なことを言わなかったとしても、相手をジャッジして裁こうとする審判的態度は言葉の端々や表情、姿勢などににじみ出やすいものです。相談者はそれを敏感にかぎ取り、裁かれているように感じるや否や、もう、このソーシャルワーカーには話すまいと心を閉ざしてしまうかもしれません。裁く人は裁かれるのです。

ソーシャルワーカーはこのことを十分に意識してクライエントと接する必要があります。

ソーシャルワークの目的はクライエントのウェルビーイングの増進であり、そのためにはクライエントとの協力関係こそが肝になります。正しいか正しくないかで裁いたところで、法律や倫理の世界ならまだしも、ソーシャルワークにおいてはかえって援助関係に支障を来たす元となることでしょう。

クライエントの見ている世界を理解する

アドラー心理学も同様です。アドラー心理学では正しいか正しくないかの基準は取りません。そうではなく建設的か非建設的かの基準を取ります。正しいことを言ってクライエントを改善させようと思っても、それが援助関係に支障を来たすようであれば、それはあえて言わない。

無駄遣いするな、働け、子どもを叩くな、関わっていく上で言いたくなることはたくさんあるでしょう。そしてそれは間違いなく正しいことでしょう。しかし、信頼関係ができているならまだしも、それが構築できていない人の説教じみた話など、人は聞きたくもないし拒否する人もいるでしょう。相手が置かれている事情への共感なきアドバイスは相手の心には入らず、やがて距離を置かれてしまいます。そのあり方では、言っていることは正しくとも求める結果が得られないのです。

元々、生き辛さや困難を抱えている方々は他者とのつながりが乏しい方が多いです。今現在つながっている援助者とうまくいかなくなって関係が切れ、孤立状態になってしまうことそれ自体が一

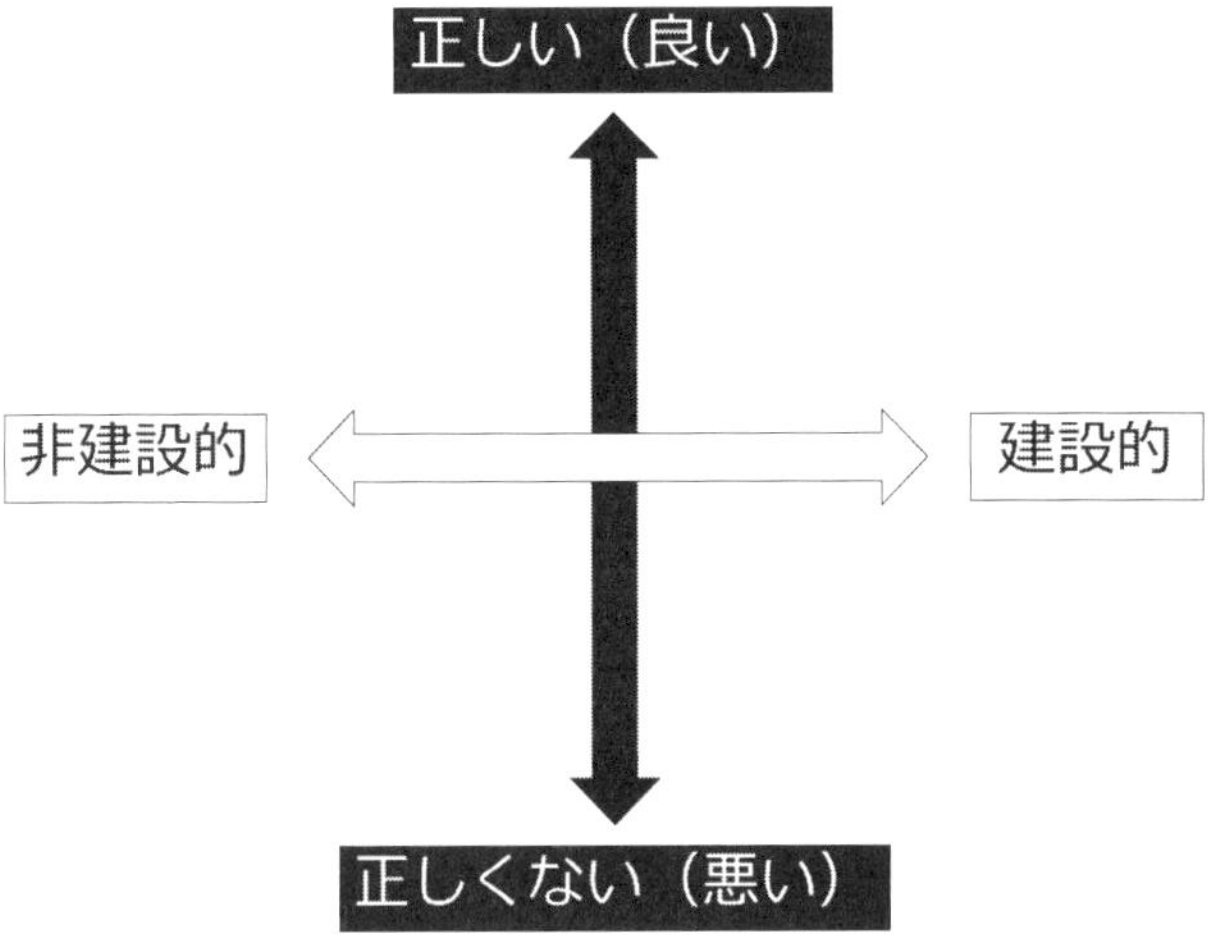

番のリスクです。そうはならないように、より現実的な判断軸と共感性を元に協力関係を進めていくあり方こそが大事なことと言えるでしょう。

かといって、社会常識や世のルールや規範という視点を持っておくことも欠かせないものです。それを踏み外して何でもいいよ、何やってもいいですよと言って、他者の利害や法を越えたことをも許容して支援していいはずもありません。

こうして考えてみると、ソーシャルワーカーには三つの視点が必要と言えるでしょう。自分の目、相手の目、客観的な目。この三つの視点をバランス良く持ち続けておく必要があります。

ただ、注意しておくべきこととして、自分のことを客観的に理解できていない人ほど、客観的な目と自分の目をイコールとして捉えがちです。私の正しさが社会一般の正しさであると考えるのです。これは危うい考え方です。この発想が行き過ぎた時、ともすれば正しいのは私、間違ってるのはあなたという視点に自然と立ってクライエントや関係者、支援機関等、自分以外の誰かを裁き始めます。その時、様々な人々との協力関係が必要なソーシャルワークにおいて、その土台が揺らぎます。

そもそも自分の正しさというものは自分の中においてだけだということを踏まえておくべきでしょう。ＳＮＳの発達によって、一億総評論家のような時代に入っていますが、誰かを評価・判断する「正しさ」の視点は使い方によっては相手を裁く武器となります。非難することで正しい私としての位置を確保し、相手を下げることに伴う自己満足の優越感を得る要素があることを見逃すべきではないでしょう。

たとえば、次の項目の中で、どれが自分の気持ちをザワつかせるか1～6番で順位付けしてみてください。

自分にとって、これはそこまで気にしないけどこれはちょっと許せないといった違いがあるのではないでしょうか。私はこのワークを研修でよくやります。だいたい4、5人ぐらいのグループでシェ

言動	順位付け
思い通りに従わせようとする人	
暴力的な人	
ズルをする人	
自分に対して否定的な言動をする人	
自分の前に横入りした人	
和を乱す言動をする人	

アしますが、ほとんどの場合バラバラの順位付けになります。嫌なことは人によって違うのです。

親の言いなりに育てられ反抗することなど許されなかったといった体験をした人は、思い通りに従わせようとする人を一番嫌に感じるかもしれません。あるいは父親がアルコール依存症でよく母親に暴力を振るっていたのを見ていた方は、暴力的な人を見ると怒りの感情が湧いてくるかもしれません。あるいは人に嫌われることを恐れ、ちょっとした人の言動に揺れる方は、自分に対して否定的な言動をする人に心がざわつくかもしれません。

では、それぞれの順位付けにはどういったテーマや価値観があるのでしょうか。それが次の表になります。

言動	テーマ／価値観
思い通りに従わせようとする人	自律、主体性
暴力的な人	安心・安全
ズルをする人	正義・規範
自分に対して否定的な言動をする人	承認・支配
自分の前に横入りした人	優越・規範
和を乱す言動をする人	調和

いかがでしょうか。人は自分が意味づけた世界に生きているので、仮に「自分の前に横入りした人」が一番嫌だったとしても、それは自分が先に越されたから嫌な人は「優越」という価値観を強く持っているのかもしれませんし、あるいはルールを破られたから嫌な人は「規範」を守るか守らないかが重要なのかもしれません。ただ、いずれにしても順位付けた結果は概ねご自身にとって納得いくものではないでしょうか。

そう考えてみると、同じ出来事があったとしてもその意味は人によって違うということです。会議で思わずドキッとするような厳しい意見を聞いた時に、この人はなんて失礼なことを言うんだと思う人もいれば、誰も言えないような鋭い意見をよくぞ言ってくれたと思う人もいます。あるいは、あいつは目立ちたがり屋だなと思う人もいるわけです。

これらが、アドラー心理学で言うところの認知論です。「人は『事実』によってではなく、事実についての考え（意味づけ）によって影響を受ける」（『生きる意味を求めて』Ｐ21）とアドラーは言います。その人がかけているこの世界への見方というメガネで、事実を受け取るのです。

これは、クライエントにとっても同様です。クライエントにはクライエントなりの価値観やモノの見方があります。そしてそれは、その人の成育歴や来し方からすれば、そう思わざるを得ない真実なのです。

だから法律など明確なものならまだしも、そうではないことでの正しさとは非常に曖昧なものです。特に自分の価値観などに基づく、自分にとっての正しさとはあくまで自分の中での正しさであるということを、中立的かつ客観的な立場に立って支援していくソーシャルワーカーは、よく踏まえておくべきでしょう。

こうして、一個の人格とその人なりの価値観を持つクライエントとの対等な関係、すなわち相互尊敬・相互信頼の関係性を維持して、相手を尊重したあり方で関わっていくことがソーシャルワーカーには求められるでしょう。

ソーシャルワーカーは数多くのクライエントと出会います。それぞれの人が皆違います。一人の人間と人間として出会い、そして関わり、やがて援助終結に至ります。その過程にあっては、まず最初に相手の人となりを受容的態度で受け止め、ラポールを構築する。そして築いた援助関係を維持していくことが大切なことであり、それができてこそより望ましい結果が得られることでしょう。私たちは、クライエントの表面的な反応や振る舞いを見て判断しがちですが、それをそのままに鵜呑みにすると援助関係がスムーズにいかなくなることがあります。たとえ不適切な振舞いや考え方だとしても、そこには、そうならざるを得ない何らかのものの見方と、そしてそれを持つに至った来し方や人生があるということに思いを馳せるべきではないでしょうか。そしてそれを酌んでもらっている、理解してもらっている、その実感が得られた時、クライエントは目の前の一人のソーシャルワーカーに対してではなく、一人の○○さんという人間に対して心を開き、つながりを実感するに違いありません。

では、次の章からは、援助関係を構築して次にどのように支援を展開していけば良いかについて解説していきます。

第二章のまとめ

●何らかのハンディキャップや能力の衰退などによって集団からこぼれ落ちてしまったように感

じた時に、人はこの世界での居場所を見失い、つながり感が希薄になり、代わりに孤独感が身を包む

●バイステック7原則「個別化の原則」……クライエントには一個の人格の持ち主として尊重されるべきニーズと権利がある

●バイステックの7原則「秘密保持の原則」……クライエントは自分の内面のことや恥を感じるようなことについて語る時に、秘密を守ってくれるかどうか心配になる

●バイステックの7原則「意図的な感情表出の原則」……この人は自分の話を否定せずに最後まで聞いてくれる、受け止めてくれる、何を言っても大丈夫だ。その実感が得られてこそクライエントは初めて口を開き感情を表出し始める

●「聴く」とは「相手の目で見て、相手の耳で聞いて、相手の心で感じること」

●バイステックの7原則「受容の原則」……人は分かってほしい。世間の常識はこうだ、ルールはこうだではなく、私の事情を、私の気持ちをただ分かってほしい

●「分かってくれた」は孤独から繋がりへの回復を意味する

●援助関係の最初に当たるラポールの構築はソーシャルワークの核心

●バイステックの7原則「非審判的態度の原則」……話の内容の良し悪しはさておき、相手の話をそのままに聞くあり方。受け入れるのではなく受け止める

●アドラー心理学では正しいか正しくないかの基準は取らずに、建設的か非建設的かの基準を取る
●共感なきアドバイスは相手の心には入らない
●誰かを評価・判断する「正しさ」の視点は使い方によっては相手を裁く武器となる。非難することで正しい私としての位置を確保し、相手を下げることに伴う自己満足の優越感を得る要素がある
●人は「事実」によってではなく、事実についての考え（意味づけ）によって影響を受ける

第三章　目的論で関わる

目標を一致させる

ラポールの形成から始まり援助関係が築かれ、支援が始まっていきます。では、そこからどのようにやっていけば良いのでしょうか。まずは状況を把握しなければなりません。情報量は多ければ多いほど良いでしょう。クライエントのニーズを聞き、それを元に私たちは関わっていきますが、関係性がまだ構築できていない段階ではクライエントは本当の思いを言わなかったり、表面的に取り繕ったりすることがあります。

誰しもがそうでしょう。自分の内面のことや個人的なこと、あるいは繊細で言いづらいことは、赤の他人にはそう簡単には言わないでしょう。言わずに済むのであれば言わないままに話を進めていくかもしれません。人として至極当然です。けれど、それが支援に支障を来たすようなことであれば問題です。

だから、私たちソーシャルワーカーは信頼関係の構築をしっかり築いたうえで、クライエントのニーズや周囲の関係者の情報、これまでの経緯などをしっかりと聞き取る必要があります。そういったことが実際の支援でどのように影響するか、私が実際に関わったケースで以下二つの例をご紹介します。

一つは私の苦い思い出についてです。以前に障害者の就労支援の仕事に関わっていた時に相談に来られた方がいました。話を伺っていくと、短い時間でいいので軽作業的なもので働きたいとのことでした。理解力や意思疎通に全く問題なく、精神疾患はあるものの病状は安定しているようでした。そ二回の面談を終え、本人の意思を確認してすぐにでも仕事を探そうということになりました。その方に合いそうな仕事を探し、私が関わっていた障害者雇用をしているお店に一緒に見学に行きました。店長と話したところ、ちょうど人手が欲しかったたし、仕事やれそうだねということでトントン拍子に話が進み、面接後すぐに雇用が決まりました。そしてすぐにでも働いてほしいとのことでした。私はあまりのスムーズさに違和感と一抹の不安を感じましたが、元々やや楽天的なところがあり、まあなんとかなるだろうとタカをくくっていました。

そして勤務初日のことです。私の携帯に電話が来ました。その店長からです。その方がお店で倒れたとのこと。すぐに電車に飛び乗って着いた時には、既に救急車で運ばれた後でした。後で分かったことですが、その方は勤務初日の前夜、翌日の仕事への緊張と不安に襲われて向精神薬を過量服薬してしまったとのことでした。そして、そのままのフラフラの状態で出勤し、すぐに倒れてしまったのです。

更に後で分かったことは、その方はリストカットやオーバードーズ（過量服薬）など、様々な自傷行為を依存的に繰り返されていた方で、とても働ける状態ではなかったことが関係者からの聞き取りで分かってきました。私の情報収集不足による大失敗です。その方には挫折経験を負わせ、信頼関係を築いていた店長との関係も揺らぎました。なんて人を紹介してくれたんだ、そんなこと聞いてなかったと不満を漏らされました。それは私と店長という二者関係だけでなく、私の所属する組織と地域の店舗という、より大きな関係性にもヒビを入れてしまうこととなりました。私にとっては、多くの失敗をしてきた中での大きな失敗の一つになりました。

今にして思えば、私は知りませんでしたがその方はどうしてもお金が欲しいという背景がありました。また、自分の病状や体調への理解が乏しいため、自分が働けるかどうかの判断が難しく、それよりも目の前の支援者にお願いして何としてでも働いてお金を得る、それが何よりの目的だったのです。私はもっと丁寧に意向を確認し、病状の把握や関係者への聞き取りを元に支援していく必要性があったと言えるでしょう。

また、こんな例もありました。地域の支援機関からの紹介で、ある知的障害者とそのご家族の相談に乗りました。詳しく聞いていくと、長年障害者雇用で働いてきた会社の労働条件が、労働基準法を逸脱するほどの状態だったことが分かりました。ハローワークなり労働基準監督署への相談も視野に入れ、まずは会社に状況把握のために訪問することとしました。すると、どうやら事実であることが見えてきました。ご両親も会社側のこれまでの経緯に非情に立腹され、会社を辞めようという話に進んでいった時のことです。

それまで、ほとんど言葉を発することなく、意思疎通もあまりできないままにボーッと両親の隣に座っていたご本人の表情が微かに曇ったことに私は気づきました。私は聞きました。〇〇さんはどうですか？　その方は意思の表明や言語表現が苦手なため、よく分からない答えが返ってきます。私は粘り強く本人の気持ちや考えを聞きながら、同時に会社訪問時の本人と会社の人の様子を頭の中で思い返していました。そういえば、本人の会社での様子はこの面談の場とは違って明るい表情をしていたな、同僚もかわいがってくれている様子だったなと思い出しました。

そしてどうやら見えてきたのが、両親が辞めるように強く言うから言い出せなかったものの、本当は会社が居心地良くて辞めたくなかったのです。そこで方針転換して、ご両親ともよく話し合ったうえで会社側と条件などについてなるべく敵対的にならないように話し合い、適正な労働条件で継続して働いていくことになりました。

危うく本人の気持ちをないがしろにして周囲の意見と正しさで押し進めて、結果本人の望まぬ展開に持っていきかねない所でした。

これらは、何が問題だったのでしょうか。もちろん丁寧に聞けばよかったのでしょう。大きく言えばそれが一つです。そしてもう一つ、大事な観点があります。それはアドラー心理学で言うところの「目標の一致」ができていなかったのです。援助関係を構築した後は何らかの目標設定をし、そこに向かって支援を進めていくことになりますが、支援者側の目標と当事者側の目標がズレていたのです。

最初の例で言えば、当事者の方の目標はすぐにお金を稼ぐこと。支援者である私の目標は、その方が安定した就労をすること。向こうはすぐに稼ぎたいから自分の病状はあえて言わない。私は最初は収入は少なくとも時間をかけてリスクなく進めていきたい。その気配を感じたその方は益々自分の状態を隠して大丈夫ですとアピールする。私は不安を感じながらもそこまで言うならと就活を進める。既にズレています。もし私がその方の状態をきちんと把握できていたら、今の体調では就労することでかえって体調が悪化して長期的に見れば逆に収入面でマイナスかもしれませんよ、などと言っていたかもしれません。

二つ目の事例で言えば、本人の隠された目標は、お金よりも居心地の良い慣れ親しんだ今の職場で働き続けること。両親と支援者である私の目標は、今までの不実な会社側のあり方を正すか、弁済してもらうか、あるいは離職させて、納得できる労働条件の会社で働いてもらうこと。本人と周囲の目標が全くもってズレています。と言うよりも、本人の思いが尊重されないままに、本人なきの本人のための勝手な思い込みの支援になりかねない所でした。ご本人からしたら、私の存在は突然現れて自分の世界を壊そうとする人に見えていたのかもしれません。

幸い、本人の思いを第一に両親の思いも尊重した目標設定に改めたことで、今の会社で両親も納得できる労働条件で働き続けることになったので、全員が納得できる結果が得られました。

私の正義感を元に進めていたら隠れた失敗ケースになっていたかもしれません。表面的にはブラック企業を辞められて良かったように見えて、実は本人の曇った表情は見過ごされたままの本人なき独りよがりの支援になりかねないところでした。

こういったことから考えてみるに、本人の意向を何よりも重視し、それを元に関係者と目標の一致を図っていく必要があります。アドラー心理学ではこの目標の一致を大切にします。そのためにも丁寧に聞き取ることによって適切な目標の一致ができ、それを元に効果的な支援が始まっていきます。

また、そもそも論ですが、目標設定なき支援はあり得ません。なんとなく本人の話を聞いて始めていくような支援は、その場しのぎの場当たり的な対応になってしまうことでしょう。目標設定はソーシャルワークの具体的な場面では、高齢者分野で言えば介護サービス計画書（ケアプラン）に当たり、障害者や児童分野で言えば個別支援計画や自立支援計画に当たります。目標が決まることで、そのための方法や手段が決まっていきます。そして、状況は時間の経過と共に変化していきますので、適宜見直ししながら進めていきます。

前章にもつながることですが、私たちソーシャルワーカーはクライエントに寄り添いながら、クライエントの目と耳と心に我が身を置いて、本人のニーズに耳を傾ける必要があります。特に自己表現の難しい状況にある方への声なき声にはなおさらです。そうしてクライエントのニーズをこそ最大限に尊重し、それを現実社会と擦り合わせて支援していく必要があるでしょう。それが、我々ソーシャルワーカーに求められる、人と社会環境の接点に介入するということではないでしょうか。

原因論と目的論の違い

支援が順調に進んでいくのが何よりも望ましいことではありますが、現実はそう簡単ではありません。なかなか望ましい結果が得られずに行き詰まってしまうこともしばしばあります。

以前、東北地方で学校関係者向けに講演をした時のことです。講演後に昼食を学校の先生方と共にしました。そこで不登校の話題が出ました。ある校長先生が私の講演を聞いて、たしかに子どもの意思を尊重して不登校を認めてあげることがいいのかもしれないが、それを良しとできない自分の職務に悩んでいるようなことを仰られました。とても率直なお話に身につまされる思いをしました。

また。地域特有の事情もあるようでした。東京などの都会であればフリースクールやサポート校など、公的なものから民間まで様々な相談先なり居場所があるでしょう。しかし、東北の片田舎のその地域には、実は私の生まれ育った実家の近くなのですが、田んぼと山とちょっとした町と近所しかありません。周囲にはコンビニも見当たりませんでした。不登校の子が日中に行く場はないに等しいのです。近所の目もあります。なかなか簡単にはいかないものだと思った記憶があります。

ちなみに、不登校に対しての国の方針は、学校復帰を目指すことが一貫して続いていましたが、近年変化が起こり始めました。特に令和元年に、文部科学省よりある通知が発表されました。その通知には、「支援は、〈学校に登校する〉という結果のみを目標にするのではなく」という文面が書かれていたのです。これに拍車をかけたのがコロナウィルスの世界史的出来事です。これによって、更に学校復帰だけでなくオンラインによる学習など様々な手段と選択肢が増えていくことでしょう。

とは言え、本来は学校に行きたいという思いが親や本人にある以上は、不登校というテーマはなくなるわけではないでしょうから、今後も不登校によって本人や周囲の大人が悩むことは当然あります。スクールカウンセラーやスクールソーシャルワーカーの方にとっては、不登校への対応法は多様化されていくかもしれませんが今後もよくある事例でしょう。

そして、不登校の子の中には不登校になってしまった理由が自分でも分からないようなことがあります。そんな時、親や関係者は何でだろうと原因を考えます。この子はさぼっているだけではないか、学校でいじめられたのではないか、先生や友達と何かあったんだろうかと、あれこれ推測します。そして本人に聞いても本人からは明確な答えが返ってきません。どうしたものかと業を煮やします。

あるいは理由が明確なこともあるでしょう。たとえば、先生に強く叱責されたことやいじめられたことをきっかけに、あるいは授業についていけなくなってといったようにです。すると周りは何とかしてその原因を改善して再び登校できるようになることを望みます。先生に強く叱責されたのなら、それを改めるよう学校にお願いするかもしれません。いじめられたのなら学校側に実態確認と対応を求めるかもしれません。授業についていけなくなったのなら、ついていけるよう勉強を促したり、特別なフォローをお願いすることもあるでしょう。

けれど、様々なことを試みても再登校しないからこその不登校です。なかなかうまくいかないなと親や支援者は頭を悩ませます。時間が過ぎていくと共に周囲に焦りが生じます。本人もそんな周りの様子を感じて、いたたまれない思いをするかもしれません。学校に行けない自分を恥じたり責めたりするかもしれません。そんな行き詰まった空気感の中で起こりがちなこと、それは原因を誰かに求めるということです。

親であれば、学校側は何もしてくれない、あの先生ではダメだ、この子は気持ちが弱すぎるといったことを考えるかもしれません。

スクールソーシャルワーカーは、○○先生は言い方がきつすぎるから、あそこのお母さんは過干渉なのよね、あの子は臆病だなといったことを考えるかもしれません。

私もこういった思いを抱えることはよくありました。というより正直言えばそんな思いが交錯するのが日常です。ただしです。それが一つの物の見方として収まっているうちはいいでしょう。ところが、困難ケースなどで同僚や関係者と相談している時に、なかなか解決策が出ずに話し合いが煮詰まってしまうことがあります。何も決まらずに時間だけが過ぎていきます。すると重苦しい空気感が流れます。その時、その空気感に耐えられなくなったかのように誰かが言います。

「あそこのうちのおかあさんじゃ難しいよね」

「〇〇さんって発達障害あるんじゃない」
「学校側は全然協力してくれないよね」

その場のいくつかの首がうなずきます。その時その場にいた誰しもが、何かホッとするような感覚を微かに感じます。それはもしかしたら一種の責任転嫁のような感覚なのかもしれません。解決できない私から、〇〇さんが原因で解決できないという話にすり替わり、責任を負うことから逃れられたのです。

まして、人はモヤモヤを抱え続けることは耐えがたいものです。そうだよねとその理屈に同意することでモヤモヤが晴れて、ホッとすると同時に責任からも逃れられる。一石二鳥です。そして誰かを悪者にして、仕方ないね、今後も様子を見ていきましょうなどと言ってその場を終えます。

ですが、ホッと胸をなでおろしたその後には何も解決していない現状だけが残り続けます。

こういったことが、問題の原因を突き止めて原因に対処しようという原因論アプローチの弊害です。確かにそれらの原因は正しいかもしれません。ただ、それでは現状の解説にはなっても解決にはなりません。そもそも医学や法律など明確なものであればむしろ原因論で考えるのが当然かと思いますが、人間行動という抽象的で曖昧なものに対して原因論でアプローチしていくとなかなか望む結果が得られないものです。なぜなら、人間行動の原因とは必ずしも一つだけに限らずいくつかある要因の一つに過ぎないのですから、一つ原因をつぶしても他にもまた原因が出てくるかもしれないのです。

例えるなら、心臓がドキドキして苦しいのは、体調が悪いためかもしれないし、運動不足かもしれないし、素敵な異性がいて緊張しているのかもしれない。あるいは血管が詰まっているかもしれないといったように、原因はいろいろなことが考えられるのです。

一方、この原因論に対してアドラー心理学では目的論で発想します。不登校であれば不登校の原因ではなく不登校の目的を問う。つまり、学校に行けない原因ではなく行かない目的は何か?という発想です。行かない目的と言われるとちょっと混乱してしまうかもしれませんが、例えばいじめられたことで不登校になったケースで考えてみましょう。

不登校の理由を原因論で考えると、いじめっ子の性格が悪いから、先生の言葉がキツいから、この子は臆病だからといった理由が挙がるかもしれません。一方、目的論、すなわち行かない目的は何か?という視点で考えると、自分を守るため、孤立して傷つきたくないから、勉強についていけない劣等感を感じたくないからといったことが理由として上がるかもしれません。

いかがでしょうか。原因論と目的論とでは出てきた理由の印象が違ってはこないでしょうか。前者はダメな誰かが浮き上がる一方、後者は何か健全な趣さえ感じます。

そうすると対策も変わってきます。原因論では原因を個別に当たります。じゃあ学校の先生の指導を改めてもらおう、いじめっ子を矯正させようということになり、アプローチの対象が個人や組織の改善・改良に向かいます。すると個人や組織は時に抵抗して敵対者になることがあります。

目的論では、原因はさておきどうなれば良いかの目標をみんなで考えます。じゃあ安全感を持って学校に行くためにどうしようかとなり、学校の先生に相談してみようか、誰か友達に一緒に学校に行ってくれないかお願いしてみようかとなり、アプローチの対象が人や組織との協力に向かいます。すると個人や組織は同じ目標に向かう仲間になります。

つまり、原因論では悪者探しの後ろ向きな話になってしまいがちなのに対して、目的論では方法探しの前向きな話になっていきます。ここが非常に大事なところで、原因論による悪者探しの時はどうしても敵味方関係を生じさせやすいですが、目的論に立った時は関係者それぞれの目標を一致させることで、同じ目標に向かって様々な方法や手段を考えていけるようになるのです。その時、敵味方に分かれることなく皆が協力者として関わることができます。

そして、原因論で「なんで？」と問うていくと、ほぼネガティブなものが出てきますが、目的論で「なんのために?」と何度も問うていくとポジティブなものに必ずなります。それは例えば、暴力、怠惰、万引きといったマイナスな行動においてもそうです。これらの理由を原因論で考えると、性格が歪んでいる、あるいは家庭環境が悪いといったようになるかもしれませんが、目的論で理由を考えると、一番上になりたかったから、楽をしたかったため、得したいからといったように、その是非はともかくその人なりの良かれと思ってした行動になります。目的は善だったかもしれないけど、手段の過ちだったよねとなります。だから人格を矯正するのではなく、手段を変えていくことを目指します。

たとえば、一番上になりたいんだったら、人を殴って傷つけて一番になるようなカッコ悪い方法じゃなく、男らしくまともな方法でやってみなさいよと勧めるかもしれません。あるいは楽したいんだったら、キリギリスのように今楽して後で後悔するよりアリのように今頑張って後で楽したらどうかと言うこともできるでしょう。あるいは人の物を取って得するより、ちゃんとお手伝いして誰かに喜んでもらって得しなよと正すこともできます。

人格は改善できれば良いのでしょうが、信頼関係なき押しつけの矯正に対して人は抵抗するものです。それよりも周囲の人と協力し合えるようになることで共同体感覚を高めていけば、矯正なき人格改善が図られていくことでしょう。

こうして目的論によるアプローチによって、これまでと違った発想や関わり方ができるようになります。もちろん、原因論が絶対ダメだと全否定するわけではありません。人として自然に原因は考えるものです。そして原因論の視点による解決策もあるでしょう。ただ、人間行動の「わけ」には原因と目的という二つの理由があるのだという視点を持つことで、支援の幅が広がるのは間違いないでしょう。

他者の課題を背負わない――課題の分離

こうして、目標に向かって支援が展開されていきます。相談に来られる方々は信頼関係が深まるにつれ、次第に自己開示や自分の感情を表現していくようになります。ソーシャルワーカーはそれに寄り添って共感的に話を聞いていきます。そうして関係性が深まるほどに、より効果的な支援になっていくでしょう。

ただ、ここで注意しておかなければならないこととして、我々ソーシャルワーカーは専門職であるということです。困難な状況にあるクライエントから話を聞いていく中で、その思いや大変な状況に心が揺り動かされることがしばしばあります。クライエントが喜んでいる時に共に喜び、クライエントが悲しんでいる時に共に悲しみ、クライエントが落胆している時に共に落胆する。これによってクライエントは大きく勇気づけられることでしょう。

ところが、それが行き過ぎると客観的な判断ができなくなる可能性があります。これが友人や家族ならいいでしょうが、専門職であるソーシャルワーカーには暖かみと同時に、判断・分析する冷静な視点もまた必要です。前の章で三つの視点を持つ必要があると言いました。相手の目、自分の目、客観的な目。そして、それぞれの視点を状況に応じて適切に使い分ける。たとえ心が動かされたとしても、ここはそのまま共感的な関わりでいいのか、感情的にならずに理性的に抑えておくべきなのか、その点を客観的な目で冷静に判断する。非常に難しいところではありますが、こういったことを踏まえておく必要があります。これがバイステックの7原則の一つ、統制された情緒的関与の原則です。

相手の心を痛いほどに分かりすぎる人ほど、この点を気をつける必要があります。なぜなら、この統制された情緒的関与ができずに共感的に関わりすぎると、一つにはクライエントの感情の歯止めが利かなくなってしまう恐れがあります。

怒りの感情を表出することで更に怒りの導火線に火がついてしまう人もいれば、トラウマ的な感情を掘り起こして不穏になってしまう人もいるかもしれません。あるいはクライエントの負の感情に巻き込まれて自分自身が疲弊してしまうこともあります。希死念慮を抱えている方やクレーマー気質の方と関わっている場合などでは気をつけておくべき必要があります。感情を表現してもらうことの大切さとの兼ね合いが非常に難しい所ですが、心理カウンセリングではないのですから、一定の距離感を置いて接することは意識しておくべき所でしょう。

また、かくあるべきという正義感の強い人も気をつけておく必要があります。いわゆる「べき思考」が強すぎるがあまりに、共感が行き過ぎて同感になってしまうことがあります。同感は、相手の置かれた状況に自分の意見や価値観が重なるほどなりやすく、そこに正義感が拍車をかけます。同感にまでなると客観性の目を失いかねません。思いの強さからクライエントの大変な状況をまるで自分事のように受けとり、私が何とかしなきゃ、守らねばと強く思います。この思いの強さが職場の同僚とのギャップを生み、不満につながってしまうことがあります。

そうして益々私がやらねばと、本来はクライエントの課題であるべきものまで支援者が背負ってしまったり、クライエントのニーズ以上のことまでやりかねません。それが解決できる問題ならいいのですが、大変な問題は一筋縄では解決しません。そこに情熱を注いでも注いでも事態が好転しないどころか、職場でやり過ぎて自分一人が浮いてしまうことにもなりかねません。これがバーンアウト（燃え尽き症候群）の構図の一つです。

時折耳にする実際の福祉現場の話は、時に衝撃を受けることもあります。私だったらとてもできないと思うような内容の話を伺うこともあります。本当に現場で苦労されている方には頭が下がります。

既に福祉業界では人手不足が常態化していますが、少子高齢化の加速化によって今後もその状態は続いていくことでしょう。はるか一〇〇年前の時代ですらリッチモンドはソーシャルワーカーの抱えている件数の多さに警鐘を鳴らしています。そうして見るとこの業界に人手不足はつきものなのかもしれませんが、それに伴う様々な負担が経験豊富なベテランの方にいきます。

そういった、現場で長年頑張って来られた方々の思いは様々でしょうが、責任感が強かったり、福祉への思いがひと際強かったり、クライエントのために一生懸命取り組まれる方々が多いでしょう。ところが、慢性的な人手不足と通常業務の過剰な負担に、次第に疲弊していきます。責任のある立場に立てばなおさらです。


余談ですが、働きアリの法則というものがあります。よく働く2割の働きアリが集めた食料がアリの集団全体の8割に当たると言われています。集団の構成は、よく働くアリが2割、普通に働くアリが6割、働かないアリが2割の比率になるようです。皆さんの職場ではいかがでしょうか。程度の差こそあれ、もしかしたらそういった傾向はあるのではないでしょうか。これが面白いことに、よく働く2割がいなくなっても、また同じような2：6：2の構成に自然になってしまうようです。集団の法則と言いますか、役割分担というものは必然的になされるのかもしれません。

そう考えてみると、責任感が強く私がやらねばという人が頑張れば頑張るほどその構成比率は維持され、逆に、ほどほどに手を抜いた時には代わりに誰かが頑張ってくれるものなのかもしれません。

また、人材育成という観点から見ても、部下に任せられず自分がやらねばと頑張る上司は問題かもしれません。なぜなら上司が全部やってくれるから部下は与えられた仕事だけしていればいいからです。

話を戻しましょう。こういったことからソーシャルワーカーにとっては、クライエントへの感情移入の程度といい、仕事上での負担といい、一定の線引きをしておくことが大事なことです。アドラー心理学では課題の分離と言いますが、どこまでが相手の課題で、どこからが自分の課題なのかをわきまえるということです。課題の分離の線引きは非常に難しい所がありますが、この線引きができないと自分が背負い過ぎて疲弊してしまうだけでなく、クライエントもまた依存的になってしまいかねません。

リッチモンドは、ソーシャルワークを通してのクライエントのパーソナリティの成長や発達を強調しています。ソーシャルワークは施してはありません。クライエントが社会適応できるよう成長を促していくことが役割です。必要な支援以上にクライエントの課題まで過度に背負って代わりにやってあげたらクライエントは成長しません。甘やかされた子どもと一緒です。

以前、関わっていた方で、引きこもりがちな生活を送っている方がいました。メンタル面で辛くなって退職された後は、様々なことが不安で仕方がなくなってしまったようでした。私に福祉関係の手続きの方がどうなっているか何度も確認の電話をかけてきます。私は状況を伝えましたが、それでも収まらないようでした。佐藤さん、どこそこに電話して聞いてもらえませんか？　などと、いろいろとお願いするようになりました。最初は電話して確認しましたが、途中から私はもはや意味がないと思って、やんわりとでしたが全て断りました。ご自分で聞いてもらえますか？　と返答しました。なぜなら本来はその方の課題であり、それが自分でできない人ではなかったからです。

ソーシャルワーカーは、クライエントができることとできないことを見分ける必要があります。その上で、どこまでがソーシャルワーカーの仕事で、どこからがクライエントがやるべきことなのかの判断軸を持つ。そして何よりも、ソーシャルワーカーはクライエントの成長する可能性を奪ってはいけません。

アドラーは、親に連れられてきた教育困難な子どもたちとのカウンセリングで、何度となく子どもたちを励ましました。あなたはできる、あなたは何にでもなれる、君は良い生徒になるだろうと。アドラーは非常に楽観的な人でした。そしてこう言っています。

「あらゆる人があらゆることを成し遂げることができる」（『個人心理学講義』P114）

アドラーは子どもたちの可能性を決して奪うことなく引き出そうとしました。ソーシャルワーカーもまたしかりです。ソーシャルワーカーは代弁者（アドボケーター）であっても代行者（エージェント）になりすぎないよう務めるべきでしょう。

では、次の章からは、クライエントが自分の力でやっていくために、そしてその力を引き出すためにどう関わっていけば良いか、解説していきます。

第三章のまとめ

●本人の意向を何よりも重視し、丁寧に聞き取ることによって適切な目標の一致ができ、それを元に効果的な支援が始まっていく

●問題の原因を突き止めて原因に対処しようという原因論アプローチは現状の解説にはなっても解決にはならない

●原因論では悪者探しの後ろ向きな話になってしまいがちなのに対して、目的論では方法探しの前向きな話になっていく

●原因論で「なんで？」と問うていくと、ほぼネガティブなものが出てくるが、目的論で「なんのために？」と問うていくとポジティブなものになる
●目的論で理由を考えると、目的は善で、手段の過ちとなる
●ソーシャルワーカーには暖かみと同時に、判断・分析する冷静な視点もまた必要
●バイステックの7原則「統制された情緒的関与の原則」……たとえ心が動かされたとしても、ここはそのまま共感的な関わりでいいのか、感情的にならずに理性的に抑えておくべきなのか、その点を客観的な目で冷静に判断する
●共感が行き過ぎて同感になってしまうと客観性の目を失いかねない
●ソーシャルワーカーには、どこまでが相手の課題で、どこからが自分の課題なのかをわきまえるという課題の分離が大事。それができないと自分が背負い過ぎて疲弊してしまうだけでなく、クライエントもまた依存的になってしまいかねない
●ソーシャルワーカーは代弁者（アドボケーター）であっても代行者（エージェント）になりすぎない

第四章　自他を勇気づける

対人援助の推移

第二次世界大戦後、日本の福祉は長らく措置制度を基に行われていました。措置制度とは、行政庁がその裁量のもとに、福祉サービスを必要としている人に対して必要なサービスや機関を決めるやり方です。高齢者・児童・障害者等、何らかの支援を必要としている方々は、どんなサービスを選んでどんな施設に行きたいか自分で選べませんでした。戦後の混乱期には、措置制度を基に行政側が主導してやっていく必要性があったのでしょう。

一方、そこには市場の競争原理が働かないため、時代の変化に伴う多様なニーズに対応できなくなっていったことなどを背景に、二〇〇〇年に介護保険制度が導入されました。それ以降は利用者がサービスを選べる利用者本位の契約型福祉へと転換していきました。

これは、行政から言われた通りに自分の身の処し方を決められていたものが、自分で選んで自分で決められるようになったことを意味します。現状ではまだまだ課題はあるようですが、これはバイステック7原則の一つである自己決定の原則に添う形で制度として進められていると言えるでしょう。

医療の分野においてもまた、パターナリズム（父権主義）と呼ばれる、強い立場の側（医師）が弱い立場の人（患者）に対して指示・決定することが長らく続いていましたが、二〇世紀後半からインフォームド・コンセント（説明を受けた上での同意）の必要性が求められ始め、二〇〇七年の医療法改正で次のような文言が追加されました。

「医師、歯科医師、薬剤師、看護師その他の医療の担い手は、医療を提供するに当たり、適切な説明を行い、医療を受ける者の理解を得るよう努めなければならない」（医療法1条の4）

こうして、情報格差がある弱い立場の患者側にとっては望ましい流れになってはきているものの、一方、課題もまた生じています。専門的な医療の話を理解することが難しい方へどうするかということや、インフォームド・コンセントの手続きそのものが目的になってしまっている状況もあるようです。そうなると患者が納得して選ぶためのプロセスが乏しくなります。

そこで、近年、精神科領域において共同意思決定（Shared decision making: SDM）という概念が提唱され始めています。これは、医療側と利用者側が互いに話し合いながら意思決定をしていくものです。インフォームド・コンセントをすればいいというものではなく、そこから一歩進んで現在進行形のプロセスを伴うものです。そして、対等な立場で、アドラー心理学で言うところの相互尊敬・相互信頼の関係性で、共同の課題として相談しながら取り組んでいくあり方があるように思います。

私はこの考え方が精神科領域から出てきたことに感慨を覚えます。精神科領域において人権を侵害された患者側の悲劇の歴史は、決して昔のことではありません。この本を書いている最中に、私が深く関わった方が東京都指定医療機関の精神科病院に医療保護入院し、延べ一ヶ月に及ぶ四肢や胴体の身体拘束によって別人になって帰ってきました。身体拘束それ自体は法的に認められていますが、支援者や家族側はこの間の病院側の処置に非常に不本意な思いをしました。福祉の教科書で読んだような悲劇を目の当たりにしました。精神科領域においてこそ、アドラーが実践したような様々な患者やクライエントに対して一切差別することなく同じ仲間として関わるあり方、そしてアドラー心理学の考え方を取り入れてほしいと強く思います。

言葉にすればなんのことはないシンプルなものです。要は同じ人間として尊重して専門職側が関わってほしい。ただそれだけのことです。

しかし、人は弱いものです。制服効果という言葉がありますが、スタンフォード監獄実験と呼ばれる心理学の実験で、看守役になった普通の大学生たちが囚人役の人に残虐な振舞いをするようになったように、立ち位置や制服は人を変えます。先ほど述べた別人になって帰ってきた方のケースでは、まさにこのスタンフォード監獄実験のような生々しいまでの現実を目の当たりにしました。病院関係者側とのやり取りは非常に厳しいものとなりましたが、支援者や家族側が人権侵害と受け取った処置が病院側からしたら命を守るための当然の処置なのでした。

医療職にしても、ソーシャルワーカーにしても、そのもとに相談に来られる方々は必然的に弱い立ち位置に置かれている方々です。意思の表明や現状認識の難しい重度障害や認知症の進んだ方々と関わることもあるでしょう。私たち専門職は決して自分の立ち位置に驕ることなく漫然とすることなく、何らかの哲学なり倫理観を持って自分を律し、いかなる相手に対しても謙虚にその職務に当たる必要があるでしょう。

二つの「じりつ」支援

こうして、弱い立ち位置に置かれているパワーレスな患者やクライエントの方々に対して、ソーシャルワーカーはその本来持つ力を取り戻すために、どう関わっていけば良いのでしょうか。

先ほどの対人援助の推移についての節では、時代を経るごとに自己決定性の程度が増えていった

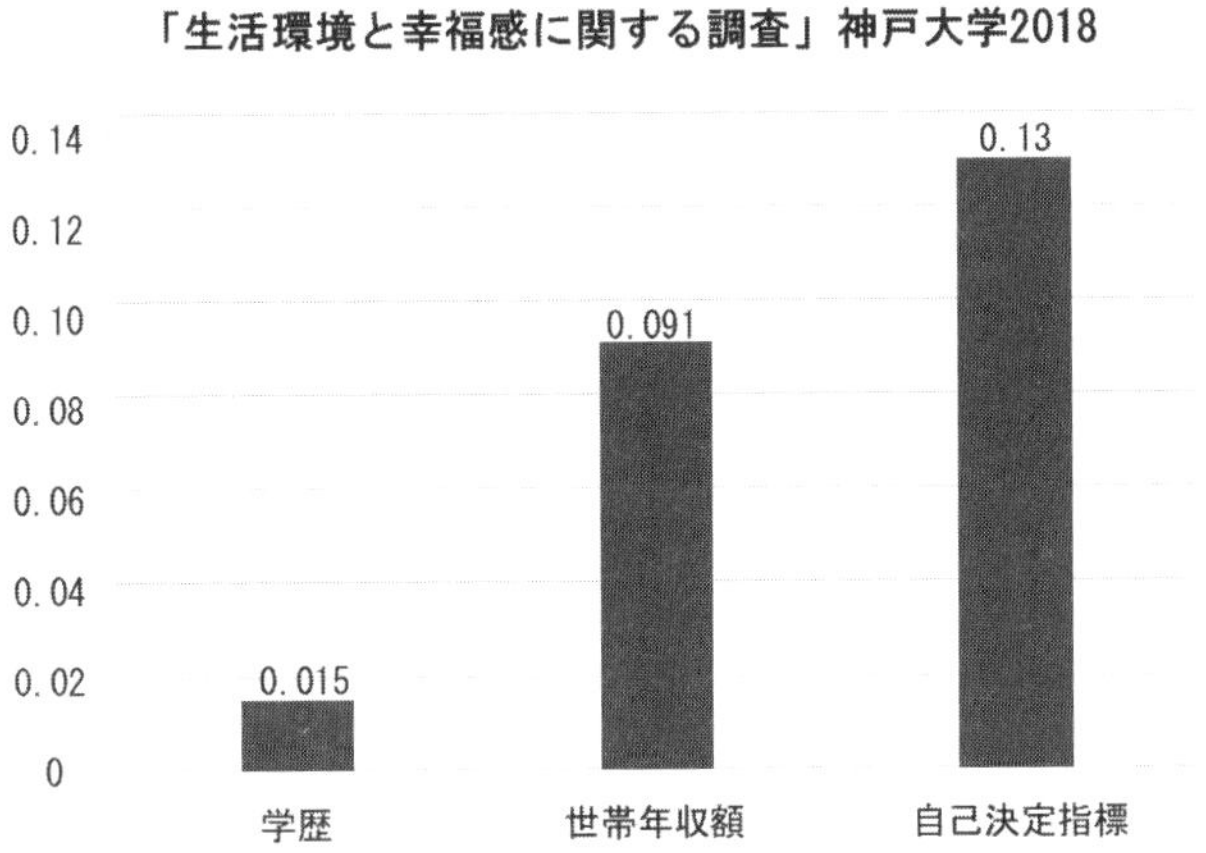

ことが分かります。人はおしなべて自分のことは自分で選んで自分で決めたいものです。それを奪われることは子どもでも嫌がるものです。

社会的に弱い立場に置かれた方々は、もしかしたら援助を受けることに伴う申し訳なさや卑屈な思いから、こういった自分の自己決定権を奪われることを甘受してきたのかもしれません。けれど、その状況が続くことに伴う不満がこうした流れを生みました。

神戸大学の調査で「生活環境と幸福感に関する調査」というものがあります。上のグラフです。

健康面や、人間関係に次いで、自己決定できているかどうかが学歴や年収が良いことよりも幸福度に関係するという調査結果です。ちなみに所得が増えることも幸福度を上げますが、年収一一〇〇万円ぐらいからは次第に幸福度への影響が減っていくようです。

また、WHO（世界保健機関）の緩和ケアの対象として、身体的苦痛、心理的苦痛、社会的苦痛、スピリチュアルな苦痛の4つが挙げられています。このうちのスピリチュアルな苦痛について、緩和ケアに長年携わった村田久行氏は、その苦痛の一つに自己や人生に対するコントロール感の喪失、すなわち自律性の喪失があるとしました。

自律とは、自分のことは自分のやり方でやっていくことを言います。自己決定とほぼ同じ意味です。つまり、人生の後半の終末期にあっては、様々なことができなくなって周りに迷惑をかけてしまうという、自律性の喪失という痛みがあるということです。

近年、知られるようになってきた介護技法のユマニチュードで最も大事にしている価値観も自律にあります。人がその最後の瞬間まで自律した人間であることを支えていくのがユマニチュードの支援技法ということです。

いずれにせよ、自律すなわち自己決定できるかどうかが人の精神面に大きな影響を及ぼすことが多方面から明らかになっています。ソーシャルワーカーは患者やクライエントが自己決定できるよう支えていく必要があります。

アドラー心理学でもまた自己決定性を重視します。アドラー心理学では人はいかなる環境や状況であっても、そこからどうするかは自分で決めることができると考えます。人は環境や運命の犠牲者ではなく自分の人生の主人公なのです。たとえ、何らかの事情で自己決定性を奪われて生きてきた人であってもです。人によっては、支配的な親のもとで育ったり、虐待やDVを受けたり、障害を抱えていたり、様々な状況によって自己決定性が奪われてきたかもしれません。しかし、それでも過去や障害は変えられなくとも、これから先の未来や自分自身のあり方は変えられます。

受動的に生きてきた人の中には、全て親や周りの言いなりになって生きてきた、自分で決めたという実感を持てたことはなかったと仰られる方もいます。そういった方々の中には、自分で決めることへの恐怖感を伴う方もいます。進路を決めるという大きな決断をするだけでなく、自販機で飲み物を選ぶにせよ、服を選ぶにせよ、些細なことでいつも悩んだりすると言う方もいます。

そういった自分で決めることに慣れていない人は、言い換えれば、残念ながら自分の責任で自分の人生を生きていなかったのです。親のいいなりで生きてきたのであれば、それに抗うことに伴うリスクを引き受けるよりも、言いなりの安全を選んできたのかもしれません。もちろん抵抗の余地もないケースもあるかとは思います。

そして、そういった方々の中には、生き方のパターンとして他人に決めてもらうように自然になってしまう方もいます。すると対人関係においてそういった相互関係を結びやすくなります。

ソーシャルワーカーはその関係性のパターンに巻き込まれないよう、本人が選んで決めていくべきところは、手出し口出しせずにグッとこらえる必要があります。アドラーは言います。


「カウンセラーは、最初から治療の責任は患者の側にあることを明らかにするように努めなければならない」（『生きる意味を求めて』Ｐ236）

自己決定することにためらう方には、些細なことでいいから自己決定する機会を作るといいでしょう。冷たいお茶がいいですか、あったかいお茶がいいですかでもいい、次の面談の予定は二〇日と二十一日のどちらがいいですかでもいい、そうして自分で決めていいんだという実感を少しずつでも持っていってもらえば、受動的人生から能動的人生へと変えていくことができるようになります。その時、初めて自分の人生を生きている実感を持てるようになっていくに違いありません。

ソーシャルワーカーは、自己決定に躊躇する人にはそうやって自分で決めることを促していき、自己決定したくても環境等によって奪われてきた方々には、それができるよう環境調整をしていく必要があるでしょう。

そして、「じりつ」にはもう一つあります。自立です。こちらの方が良く使われている言葉でしょう。自立とは、自分以外のものの助けなしで自分のことをやっていくことです。たとえば、学校を出て就職して一人暮らしすることであったり、足を骨折しても松葉杖をついて歩くことだったりです。こういった自立生活を維持していけるためのサポートは、たとえばグループホームや施設を探したり、金銭管理をしたり、福祉用具を手配したりといったように、日常のソーシャルワークで具体的に行っているものだと思います。

こういったように、「じりつ」を支援するとは、行動や生活面の具体的サポートをする自立と、自己決定のサポートをする自律の二つの面があります。こういったことをサポートして、クライエントをエンパワメントしていくことこそが、ソーシャルワーカーに求められるでしょう。

ほめると勇気づけるの違い

ソーシャルワーカーはクライエントの自立と自律をサポートすることでエンパワメントしていきます。それにつれ、受け身がちに生きてきたかもしれないクライエントは自己肯定感を増していきます。自分には力があると感じられるようになっていきます。

エンパワメントの定義は、調べたところ様々なものがありますが、大きく二つの意味があるようです。

一つには元々の意味で、能力や権限を与えること。エンパワメントの運動の起源が女性や黒人などが奪われていた権利の獲得に端を発しており、本来持っているはずでありながら社会的制約によって発揮できなかったものを取り戻すことにあります。そしてもう一つはもっと広義の意味で、一人ひとりが本来持っているすばらしい潜在力を湧きあがらせ、主体的に生きる力を引き出すよう援助することです。比較的に分かりやすい説明としては以下のものがあります。


「社会的弱者や被差別者が、自分自身の置かれている差別構造や抑圧されている要因に気づき、その状況を変革していく方法や自信、自己決定力を回復・強化できるように援助すること」（知恵蔵）

こうして見てみると、エンパワメントはアドラー心理学でいうところの「勇気づけ」と非常に似ている印象を受けます。アドラー心理学は勇気づけの心理学とも言われるように、様々な状況にある方をまさにエンパワメントします。元々の語源は、英語のエンカレッジメント（勇気づけること、励ますこと）にあります。

しいて言うならば、エンパワメントとはパワーレスな状況に置かれている方々を対象とし、そういった方々の権利と能力の回復をサポートしていくことを意味するのに対し、エンカレッジメントはあらゆる状況の方に対して自らの力で乗り越えていけるように促していくといった違いかと思います。

日本のアドラー心理学の草分けの一人、岩井俊憲氏は勇気づけを「困難を克服する活力を与えること」（『アドラー心理学入門』Ｐ34）と、定義しています。

ちなみに、勇気づけと似たように使われる言葉でほめるという言葉があります。これらは重なる部分もありますが、違う意味です。相手を肯定しようとするという点においては似たようなところがありますが、本質的に異なります。

どう異なるのか、私が研修でしばしばやる「ほめワーク」を以下ご紹介します。まず、二人ペアになって子ども役と親役を決めます。次に、私が言ったことに対して親役の方は子ども役の方にほめてくださいとお願いします。そして言います。

「三振した子」

皆さん、あたふたと何か言っている人もいれば、何を言おうかモゴモゴしている方もいます。私は待たずに次の言葉を言います。

「受験で落ちた子」

同じように皆さんあたふたとしていますが、待たずに言います。

「いじめられた子」

……もう、なんとなくお分かりでしょう。これらの例は、ほめろと言われてもほめるのがなかなか難しいものです。三振した子、受験で落ちた子をどうほめればいいのか、ましてやいじめられた子をほめるっていったい何なのかと。

子どもをほめて育てるという考え方もありますが、ほめるためには条件付きになってしまいます。それはたとえば、テストで良い点を取った時、ホームランを打った時、手伝いをした時といったように、親にとって良いと思える時だけです。親の基準に達しない時は、いくら九〇点を取っても九五点を取っても認められません。そうなると、子どもは必死になって一〇〇点を取ろうとするか、頑張ってもダメならあきらめるようになるかもしれません。ましてや悪い点数を取ったものなら隠すかもしれません。更に言えばほめられないことはやらなくなるかもしれません。

そして、ほめるということは上の者から下の者への評価的態度です。あえて言えば上から目線です。親から子どもに対しては不自然ではないように見えるかもしれませんが、これがもしソーシャルワーカーの方がクライエントの方に対してほめたとしたらどうでしょうか。もちろん、児童や知的障害者など相手や場合によってはほめることはあるでしょう。

しかし、もし例えば、自分が生活保護の受給者だとして生活保護のケースワーカーの方から、よく今月は無駄使いせず我慢できましたね、えらいですねなどと言われたらいかがでしょう。私だったらムッとします。あるいは自分が高齢者だったとして、デイサービスのレクリエーションでゲームをやった時によくできたねなどと言われたら、なんだか子ども返りしたような複雑な気持ちになってしまいそうです。

ほめることが大事な時もあるでしょうが、ほめるという行為は丁寧に使わないと上から目線になってしまいかねません。そして、ここまで読んでみてお気づきの方もいるかもしれませんが、ほめるという行為は、相手を自分の望む方向に持っていこうとする操作的な色彩を帯びることがあります。明らかに意図的に使っている人もいれば、そうでない人もいるでしょう。ただ、その操作的な空気感が醸し出された時、言語化できないにしても嫌な印象を人に与えます。

そして、ほめることとコインの裏表なのが「しかる」です。これもまた、しかる側が本気で相手のためを思ってやらないと、操作的になり得るでしょう。

操作的になっている時は、ほめる側やしかる側からしたら無意識的にやっていることと思いますが、その意図するところは相手のステージまで降りて話し合う労力を避けて、本人と向き合わずに楽な位置から「ほめる／しかる」という手段として使うのです。

ここまで読んでみていかがでしょうか、自分がほめた時、逆にほめられた時のことで何かしら思い当たる節があるのではないでしょうか。

ここまでをまとめると、ほめるということは外発的動機づけに当たります。外発的動機づけとは、自分の行為の原動力が自分の中からではなく外から与えられたことを意味します。一言で言えばアメとムチの原理です。アメをもらえればやるし、もらえなかったらやらない。ムチを打たれたらやらざるを得ないけど打たれなかったらやらない。だから、ほめた側の意図に反して、その行為は定着せずに単発で終わりがちになります。

あるいは、ほめられることによって承認欲求が満たされることで、ほめられることに依存的にさせます。アメのおいしさが病みつきになって、承認を得ることそのものが目的になってしまうのです。さながら承認欲求の奴隷です。そこには、目的も主体性もなく相手の顔色を伺う様子が垣間見えます。自律性を奪われてしまっています。

一方、外発的動機づけの反対に当たるのが内発的動機づけです。自分の内側から上がってきた思いや考えを原動力に行動することです。

「モチベーション3.0」という本の中で著者のダニエル・ピンクが、こういった内発的動機づけと外発的動機づけについて様々な角度から解説しています。特に科学者や心理学者の様々な実験から導き出された結論は衝撃的ですらあります。

この本の中では「報酬の隠されたコスト（代償）」という言葉が使われています。その意味するところは、報酬を上げることやほめることで相手を動かそうという外発的動機づけは、かえって相手のやる気を奪って生産性を下げてしまい、逆にコストが増えるという皮肉な結果を生んでいると言うのです。

一方、内発的動機づけの高い人は、外発的動機づけで行動を喚起された人よりも明らかにモチベーションが高く、動機が継続し、成果を出します。誰しもがこういったことを少なからず経験しているのではないでしょうか。小さい頃で言えば、砂遊びや、虫取り、おにごっこ、等々。お金がもらえるからやるとか、ほめられるからやるとかではなく、ただやりたいからやる。行動そのものが目的でフロー体験とも言います。

そして、ダニエル・ピンクは行動科学の自己決定理論というものを引き合いに、普遍的な人の願望を次のように紹介しています。

「人には生来、（能力を発揮したいという）有能感、（自分でやりたいという）自律性、（人々と関連を持ちたいという）関係性という三つの要求が備わっている。その要求が満たされているとき、私たちは動機づけられ、生産的になり、幸福を感じる」（『モチベーション3.0』P132）

ここにはエンパワメントと共通するものがあります。そして、この人間として本質的な望みの原動力となる内発的動機づけを引き出していくものが、アドラー心理学でいう勇気づけです。私たちソーシャルワーカーに求められていることは、まさにこの三つの要求を、目の前に現れた方々が実現できるよう勇気づけていくことではないでしょうか。

この、有能感、自律性、関係性という三つの要求は、アドラーが勇気をくじかれた子どもたちや精神疾患を抱えた人たちとのカウンセリングなどを通して、実現できるよう関わり続けたテーマとも言えます。

それは、あなたはできる、あなたはやれると言って、有能感を持ってもらおうと接したことであり、あなたは何になりたいのかと問いかけ、あなたが決めることだと自律性を促そうとしたことであり、そして何よりも人との関係性を深めるために人との協力を促し続けたアドラーの考えと共通するものです。そしてそのために、アドラーは目の前の人を安易にほめることなく忍耐強く勇気づけしたのです。勇気づけには信念に基づいた忍耐と意志と信頼が必要なのです。

ここまでのまとめと補足を含め、次の表にほめることと勇気づけることの違いを、する側とされる側の両方の観点からまとめましたのでご参考ください。

	ほめる	勇気づける
する側	評価的態度	共感的態度
	上下関係	対等な関係
	自分が感じたこと	相手の気持ちを理解したこと
	（時に）操作的	尊重的
	条件付き OK	無条件 OK
	（比較的）手軽・簡単	忍耐・意志・信頼がいる
される側	外発的動機づけ	内発的動機づけ
	動機が継続しない	動機が継続する
	他走的	自走的
	承認欲求を満たす	やる気を喚起する
	条件付き OK	無条件 OK
	評価者の目を気にする	自分軸で生きる
	依存的になる	自発的になる

勇気づけの態度とは

では、具体的にどのように勇気づけしていけば良いのでしょうか。

ソーシャルワーカーは面談室や施設だけでなく、様々な場所でクライエントと接します。それは、病院であったり、会社であったり、ご自宅に伺うこともあるでしょう。あるいは路上であったり、裁判所であったりするかもしれません。関わる時間も短いこともあれば、一緒に出かけたりして長くなることもあります。長い時間を共有すれば、身分や肩書だけではないナマの自分がどうしても出てきます。

そういった意味でも、まず前提として、勇気づけはテクニックではなくあり方だということを最初に強く言っておく必要があります。どうしても人はスキルとして身につけて実践しようとするもので、やむを得ない所だとは思うのですが、マインドなき勇気づけは絵に描いた餅になりかねません。そのためにもクライエントを尊厳を持った一人の人間として尊重するあり方こそがベースになります。もしかしたら、そのあり方が一貫してさえいたら、その人と関わることそのものが勇気づけになるのかもしれません。

そして、勇気づけとは先ほど述べたように、クライエントの方に困難を克服する活力を与えることであり、そのための、アドラーが言うところの「自分には価値がある」と感じてもらえるようなあらゆる関わりを言います。

私たちは、目の前に来られた人々の、今接している、その顔、その表情、その言い方、その姿勢、その声のトーン、その気持ち、その考え、言い換えれば、その人がそのようになるに至った状況と背景、そして来し方に思いを馳せる必要があります。

怒りっぽい人の怒らざるを得なくなったその背景、暗くどんよりしている人のそうならざるを得なくなった何らかの事情、人間関係を断ち切り続けるその人のそうせざるを得ない成育歴。

ソーシャルワーカーのもとに相談に来られる方々は、何らかのニーズがあって来ています。事務手続きで済むぐらいの軽いニーズもあれば、相当大変なニーズもあります。むしろ、ソーシャルワーカーがその職務に当たって忘れられない人になっていく人々は、後者の大変なニーズを抱えた人たちなのかもしれません。

ハンセン病にかかって人生を壮絶な苦しみと共に生きてきた方々と長年関わってきた精神科医の神谷美恵子は、次のような詩を残しています。抜粋してご紹介します。

……あなたはだまっている
かすかにほほえんでさえいる

ああ　しかし　その沈黙は　ほほえみは
長い戦いの後にかちとられたものだ
運命とすれすれに生きているあなたよ
…………
なぜ私たちでなくてあなたが？……
（『人間をみつめて』P139）

ハンセン病は、人類古来からの大変な厄災とも言うべき伝染病です。顔や手足などの外見が変形するため、人々から大変に恐れられました。第二次大戦後に治療薬が普及し始めましたが、人権侵害とも言うべき差別政策が長年に渡って施されていました。感染者は陸海の孤島に隔離され一生をそこで過ごす運命にありました。一族郎党は文字通りの村八分になり、住んでいる所を出ていかざるを得ないほどのものでした。

そういった壮絶なまでのスティグマ（負の烙印）を抱えた方々と接した神谷美恵子は、その沈黙と微笑の中に大きく心を揺り動かされたのでしょうか。そして問います。なぜ私たちではなくあなたが？と。

私はこのあり方に深く感銘を受けると同時に、勇気づけのベースとなるあり方をここに感じます。

その人の人生と来し方に深く思いを馳せる。ここにはまさに、アドラーが言うところの、相手の目で見て、相手の耳で聞いて、相手の心で感じようとしなければ、この言葉は出てこないと思うからです。

つまり、勇気づけのあり方とは、相互尊敬・相互信頼を元にした共感的なあり方がベースになります。勇気づけとは具体的に何かをすることもあるでしょうが、私は何をせずとも相手を理解しようとするこのあり方に近づければ、それは勇気づけと言えるのではないかと思います。ただ、分かろうと思いを馳せる、それだけで相手を勇気づけるように思うのです。

大災害に遭ったり、大切な人と死別したりといったような大変な思いをされた方と接すると、人は、何とか元気になってもらいたいと思ったり、頑張れと言いたくなったり、なんとか相手の苦しみを少しでも取ってあげたいと願います。それは人として当然のことでしょう。けれど、当の本人にしてみればそういった励ましの言葉などは求めていないことがあります。むしろ、ただ側にいてくれてたり、何か話したいときにただ聞いてもらえる存在を求めているのかもしれません。自分の気持ちや状況を分かってくれている人が側にいる、ただそれだけで人と繋がっている実感や安心感が得られるのかもしれません。

北欧発の統合失調症の急性期患者へのアプローチで目覚ましい成果を上げているオープンダイアログという手法があります。オープンダイアログでは、当事者と関係者が集まって話をするミーティングを繰り返します。そこで本人の思いをひたすら聞いて対話していくあり方は、まさにここまで述べてきたような、一人の人としての他者性を尊重する勇気づけのあり方や態度と同じではないかと思います。オープンダイアログを創始したヤーコ・セイックラは次のように言っています。

「他者性こそ、日常において、あるいは心理療法、教育、管理経営、ソーシャルワーク、そして人間関係にかかわるあらゆる活動において共通する対話の核心」（『開かれた未来と対話』Ｐ37）

教育、福祉、医療等、人と関わる分野においての負の歴史は、○○さんという目の前の人の他者性を尊重してこなかった歴史とも言い換えられるかもしれません。

たとえ、いかなる状況にあろうと、いかなる自分であろうと、尊重されている実感を持つことができた時、人は失った自分の価値を取り戻すに違いありません。勇気づけの態度とは、まさに他者性を尊重すること、それに尽きるのではないでしょうか。こんな言葉をご紹介します。

「エンパワメントとはまずもって一人ひとりが自分の大切さ、かけがえのなさを信じる自己尊重から始まる、自己尊重の心は自分一人で持とうと意識して持てるものではない。まわりにあるがままのすばらしさを認めてくれる人が必要だ。無条件で自分を受け入れ、愛してくれる人が」（『エンパ

ワメントと人権』Ｐ40）

私たちソーシャルワーカーはかくありたいものです。

自分の価値を増す

ソーシャルワーカーは、パワーレスな状況に置かれた方々を取り残すことなく、その権利と能力と、そして可能性を回復していくことに関わっていきます。第二章でも言いましたが、集団から取り残されるということは、孤独を意味します。孤独には自分自身の価値の喪失感が伴います。この世界に人として生まれ、生きていながら、人とつながらず、自分の価値を実感できない。だから自分が存在していいのかも分からない。これほど辛いことがあるでしょうか。だから、失ってしまった自分の価値を取り戻す必要があります。

私が関わった方で、ある引きこもりの方がいました。長年引きこもっていた方で、親からは働け働けと言われます。そんなこと分かっているのにできないから苦しいのです。相当に辛かったことでしょう。けれど、ある父親の言葉をきっかけにサラリと引きこもりから脱出しました。それは、たった一言、お店を手伝ってくれないかとの言葉でした。その方は分かったと答えました。以後いろいろあったものの、家族経営のお店でいずれは後継ぎとして働いています。

このエピソードは何を意味しているのでしょうか。引きこもりという孤独の世界に生きてきたその方は、親や周囲の人から引きこもっているお前は価値がないということを暗に言われ続けてきたのです。親もどうしていいか分からなかったことでしょう。お互いが苦しいです。そして、働け働けと言われることは対等な関係ではなく上と下のタテの関係です。

ところが、父親が子どものもとへと降りていき、対等な関係で手伝ってくれないかとお願いしました。頼まれたことで、自分にはそれだけの価値があるという感覚を呼び起こしたのかもしれません。しかも強制ではなく、どうするかは自分で決めることができるという自律感も同時に感じたかもしれません。この時、どれだけうれしかったことでしょう。アドラーは言います。

「馬を水のあるところへ連れて行くことはできるが、馬に水を飲ませることはできない」（『生きる意味を求めて』Ｐ236）

馬にしてそうです。人であればなおさらです。例えて言うなら、父親は馬に水を飲ませようとして飲ませられず、水のある所へ連れて行った時、父親が何をせずとも馬は自らの内なる欲望に従って水を飲んだのでしょう。そしてその時、自分は飲むに値するのだと自らの価値を取り戻したのです。

人はこの世界に生きている以上、自らの存在価値を求めます。

自分には価値があるという話の例として、日本理化学工業という会社のエピソードを『日本でいちばん大切にしたい会社』（あさ出版）や同社のHPを参照にしてご紹介します。

この会社は障害者雇用の先駆けとして有名な会社で、二〇二〇年現在の障害者雇用率は70％を超える驚くべき雇用率を達成しています。

この会社で初めて障害者を雇用したのが昭和三〇年代のことです。養護学校の先生が、この子たちが学校を出たら一生施設に入ってしまう、どうか働く体験をと何度も訴えられたことを受けて、では実習だけでもということで体験実習をすることになりました。ところが、彼ら彼女らのあまりに熱心な働きぶりに感嘆した従業員たちから雇用してほしいという声が上がり、はからずも雇用することとなりました。あまりの熱心な働きぶりと、冗談で施設に返すよと言ったときのあまりに怯える様子に、当時専務の大山泰弘さんは理解できないでいました。そのことをある禅寺の住職に話したところ、住職は当たり前でしょうと言って次のように話しました。

「人間の究極の幸せは、1つは愛されること、2つ目はほめられること、3つ目は人の役に立つこと、4つ目は人に必要とされることの4つです。福祉施設で大事に面倒をみてもらうことが幸せで

はなく、働いて役に立つ会社こそが人間を幸せにするのです」（日本理化学工業ＨＰより）

この養護学校の生徒たちは、文字通り養護されて、あるいは擁護されて生きてきました。これはこれで必要なことです。ただ、ここには何かが欠けています。それを養護学校の先生も感じていたのでしょうし、禅僧も見抜いたのでしょう。つまり、働くことの意味です。それは自分が誰かのために役に立っている、そして自分にはそれができるという自己効力感です。

何らかの障害を抱えて誰かのお世話になって十八才まで生きてきた彼ら彼女らにとって、ほとんど感じたことがなかった内から何か湧き上がるような感覚だったのかもしれません。その機会を奪われるような話は、たとえ冗談でもどれだけ怖かったことでしょう。

先ほどの引きこもりからの回復者の事例とこの障害者雇用の事例に共通することは、貢献感と有能感です。

だから、勇気づけの一つとして、報酬のあるなしに関わらず広義の意味での「はたらく」機会を提供することは望ましいことです。障害者関連の施設ではそういった機会を様々に提供していることと思いますが、例えば他の職員のもとへ何か届け物をお願いするのでもいいでしょう。これを○○さんに届けてもらえませんか？と言って、届けてくれたらありがとうと感謝を伝える。そう言われると嬉しいでしょう。貢献には感謝が付随します。感謝は魔法の言葉です。感謝したほうだけでなくされた方もまた、何か幸せな感覚を得ます。どんどん感謝する機会を提供すると良いでしょう。

二〇世紀の天才精神科医として名を馳せたミルトン・エリクソンは、うつの女性の自宅の庭に咲いていたセントポーリアを見て、これを教会の名簿順に配っていくように指示しました。その女性は言われた通りに従ってやっていくうちに次第に元気を取り戻し、やがて亡くなった時にはセントポーリアの女王と呼ばれて壮大な葬式が行われたと言います。このエピソードにもまた、貢献と感謝がどういったものをもたらすかが見えます。

もっとささやかなことでもいいでしょう。たとえば、ご高齢の方に趣味や仕事などでその方が詳しいことについて、〇〇のこと教えてもらえませんか？と聞いてみる。教えることは貢献です。急に元気が出てくるかもしれません。引きこもりの方にもその方が詳しいゲームやアニメのことなどを聞いたら夢中になって話すかもしれません。

そうして様々な「はたらく」ということや、何かをする機会を増やしていくことが大切です。時にそこには恐怖や不安がつきまといますが、アドラーがしたように、あなたはできる、あなたはやれる、あなたができると信じていると、粘り強く語りかけていくことで、やってみようという勇気が湧いてくるかもしれません。そして、やってみたらできたという体験をすることで、私にはできないという神話が崩れていった時、この世界での自分の可能性が広がることを感じるに違いありません。

そのためにも、簡単なことでもいいので何かができた、やれたという体験を増やして自己効力感を高める機会を提供していくと良いでしょう。

こういったように、ソーシャルワーカーにはクライエントの方が自分の価値を増していくための様々な試みをしていくことが求められるでしょう。

ダメ出しとヨイ出しの効能

私が障害者の就労支援の仕事をしていた時のことです。その頃はまだソーシャルワーカーになり立ての頃で、障害に対する理解も通り一遍の表面的なもので、具体的に利用者にどのように対応すればいいのかもよく分からないような状況でした。

それ以前は福祉とは全く違う仕事をしていて、その会社ではパワハラが横行していました。社員のダメなところを徹底的に指摘して改善していくやり方でした。怒声が飛び交うのが日常でした。私もそのように厳しく育てられ、それが当たり前だったので私が誰かを教える時も同様でした。ここができてない、ここ直して、これはダメだといったようにです。直らない時はその都度注意します。

それでも直らない時は何やってるんだと、より強く言います。それでもダメなら怒って直させることもありました。

それが染みついていたのでしょう。福祉の勉強を一年間どっぷりやって業界に入ったもののその体質が抜けておらず、新しく入った施設での職業訓練の指導の際に、利用者のできてない所を指摘しました。これはだめです、これを直してください。そうやって指導していました。


そして、私が担当していたある利用者の方が、とある企業に体験実習に行くことになりました。そこで二週間の実習を終えてうまくいけば就労につながります。学校を出てずっと施設で生きてきたその方にとっては初めての就労のチャンスです。親御さんにとっても同様です。毎月わずかばかりの工賃と呼ばれる収入しかもらえなかった我が子が、もしかしたら最低賃金以上の報酬をもらえるようになるかもしれないのですから、期待も大きかったです。

そういった背景もあり、私もかなり熱心に取り組みました。実際にそこでやっている仕事をじっくり見させて頂いて、その方の課題を洗い出しました。そして家に帰ってから練習をするようお母さんに協力をお願いしました。

そうして頑張ってもらったのですが、その方は不器用なところがあったため、なかなか改善しません。その会社で働いている他の障害者の方々に比べて明らかについていけていない様子が伺えました。私は次第に焦り始め、その方に注意するようになりました。その方にはそれまで私が注意したことはほとんどなかったので明らかに戸惑っていましたが、素直に私の言うことを聞いて頑張りました。

けれどもやはり、どうしようもない部分があったのでしょう。結局のところ改善されずに実習を終えて、就労には結びつきませんでした。今も覚えているのは、施設では見たことがなかったその方の怯えているような表情と、こちらを伺うような視線です。

私がやった指導法はダメ出しと呼ばれるものです。まさに、相手のダメなところを指摘して改善しようとする手法です。結果どうだったのでしょうか。全く何も改善しませんでした。

振り返ってみるに、まず一つには根本のところでの目標の一致ができていなかったのかもしれません。表面的に本人はやりますと言いましたが、お母さんや私といった周りの期待に応えようとしただけで、本当はそこまで気乗りしていなかったのは空気感で私も気づいていました。これでは外発的動機づけです。

そして私がダメ出しをしたことによって萎縮するようになり、それでもできない自分に自信を持てなくなりました。ますます、のびのびと仕事ができなくなってミスも増えます。ある意味こうなることは当然の帰結だったのかもしれません。

私はどうすれば良かったのでしょうか。一つには目標の一致を念入りにする必要がありました。本当に実習したいのか、うまくいけば就労できるけどそれでいいのか、就労するとこんな風に変わるけどいいのか、本当は就労せずにここにいたいのではないか。そういったことを丁寧に確認する必要があったのかもしれません。

そして、もし仮に本人が実習したいということであれば、できていないところをダメ出しする指導法よりも、まずはうまくやれているところを指摘すると良かったのかもしれません。ヨイ出しです。

初めて施設を出て会社という所で実習する機会です。周りにはテキパキと働く人ばかりです。緊張しないわけにはいきません。そんな心境で注意されたらどんな思いでしょう。だからまずは自信をつけるために、ここ良かったです、ここできてましたねとヨイ出しすれば良かったのです。そうすれば本人のやる気も上がったでしょう。そして、たとえ就労に結びつかなかったとしても、それはそれで前向きに頑張った良い経験になったのかもしれません。

このようにダメ出しとヨイ出しとでは相手に与えるメンタル面への影響が違います。どうしてもダメ出しは相手を萎縮させて、その本来持っている能力を発揮できなくさせがちです。あるいはダメ出しばかりされると、同じことをやってしまった時に隠すようになりがちです。企業の不祥事でしばしばあることはまさにこの構図です。厳しく怒られるぐらいだったらそれを回避しようという心理が働くのです。こうして、ダメ出しはどうしても上から下のタテの関係になりやすく、相手との信頼関係が構築できづらくなります。

更に、ダメ出しは相手のダメなところをあえて探そうとする心理状態になります。そうすると普段だったら気にしないような些細な所に注目して、ますますダメなところを探して、ますますダメ出しするようになります。ダメ出しされる側にとってもそうです。どうしても注意ばかりされると、そこに意識が向きすぎて不自然になってまた失敗しやすくなります。悪循環です。

どれだけヨイ出しの方が精神的に健康的か分かりません。ヨイ出しはサラリとやると良いでしょう。無理やり良いところはどこだと探し回るようなものではなく、できているところや当たり前のところをサラリと指摘するだけで良いです。相手の立場に立った共感的態度で、歯を磨けたね、全部食べたんだね、一人で帰れたんだねといったようにです。相手にとってみれば、自分のこと見ててくれたんだとうれしくなります。関係性が近くなって信頼感も増すかもしれません。そうしてますますヨイ出しされた所も増えていくでしょう。ヨイ出しにしてもダメ出しにしても、注目された所は増えていきやすいものです。

このようにどこに注目して指導するかで、相手の精神面にも自分との関係性にも影響を及ぼします。カリスマ的な指導者やその道の師匠の下にしごかれに行くのであればダメ出しも良い効果を及ぼすのかもしれませんが、私たちソーシャルワーカーはクライエントをエンパワメントする存在です。であれば相手を下げるダメ出しよりも、相手が上がるヨイ出しをしていくと良いでしょう。

リフレーミングで勇気づける

どうしても私たちは物事を結果で見がちです。うまくいけばOKでうまくいかなかったらダメだと思います。もちろん自分だけじゃなくて他者に対しても同様です。関わりの深い人であればなおさらです。その人の良いところ、ダメなところを見てそれを基に上から目線的に評価をします。これが、ほめるあり方であり評価的な態度です。

そして、ほめるというのは時間軸で言うと点を見ています。その時その瞬間、自分から見て良いかどうかで判断します。一方、勇気づけるということは時間軸で言うと、点ではなく相手のプロセスを見ます。その時その瞬間がどうであれ、そこに至るプロセスでどれだけ頑張ったのか、そこを見ます。だから例えば受験で落ちた子であれば、時間軸の点で見るとほめようにもほめられませんが、プロセスで見ると、落ちたけど頑張ったよねと勇気づけられます。

また、視覚的に言うと表面を見るのがほめることであり、内面を見るのが勇気づけです。例えばいじめられた子は、時間軸においてもプロセスにおいても表面的にもほめることが難しいですが、一方内面で見ると、つらかったね、悲しかったんだね、よく耐えたねと共感することで相手を勇気づけることができます。共感してくれた、分かってくれたということはつながりの実感であり勇気づけなのです。

このように、私たちは同じ出来事を見ても、そこをどう捉えるかというものの見方次第で現実までが変わります。第二章の認知論のところでもお話ししましたが、私たちは出来事そのものを体験しているのではなく、出来事に意味づけした主観的現実を体験しています。つまり、ほめると勇気づけることとの視点の違いもそうですが、出来事をどう意味づけるか次第で、ソーシャルワーカーにとっての柔軟性や実践力に大きく影響を与えます。ここは非常に大事なところです。

そしてそれは、クライエントにとってももちろんそうです。私がこれまで会ってきた生きづらさを抱えた多くの方々は、その生きづらさが辛ければ辛いほどに、ものの見方が一面的になっているように思います。

特に自殺を考えている方がそうでしょう。この生きづらさを解決するためには死ぬしかないという結論に至っているのです。傍から見たら決してそんなことはないように見えたとしてもです。

もしかしたら誰かに相談できるかもしれない、もう少し我慢すれば状況が変わるのに、病院に入院して心身を整えれば少しは落ち着くかもしれない。そういったいろいろな可能性が客観的には考えられるのですが、ものの見方が極端なまでに狭くなった本人からすれば、死しか解決方法がないのです。そういった時に、違った角度からのものの見方が持てるかどうかによって、恐れていた結果になるかどうかが変わります。

私はソーシャルワーカーかつ心理カウンセラーという仕事柄、死にたいという言葉をしばしば耳にします。死にたいという思いから進展して実際に自殺の具体的方法まで考えるようになると、自殺リスクの危険性が増します。時には危機介入が必要になることがあります。

そして、そういった時に自殺せずに済むかどうかというのは意外にちょっとしたことだったりします。ある方は、自殺の名所に行こうとしていた時にたまたまかかってきた電話音にハッとして、自分は何をやっているんだと我を取り戻して帰ってきたと言っていました。

また、自殺を考えていたある方に私が、やばい時はいつでも電話してね、ただ、私はのび太くんだから寝ている時にかけてきたら電話の音に気づかないかもしれないけどねって言った所、佐藤さんそれじゃ意味ないじゃないですかと突っ込まれて笑い合ったことで、何か肩の力が抜けてホッとされたとのことでした。

他に私が良くやる方法としては、次に会う約束をする方法です。ある方が駅のホームで吸い込まれそうだと危機メールを送ってきたときは、今来れますかとすぐに来てもらって話をすることで次第に落ち着いていき、急場をしのぎました。あるいは今日にでも自殺してしまいかねないような方には、明日来れますかなどと言って明日でもあさってでも近い所で面談の予約を取ると、明日がなかったその方の明日がやってきます。そしてまた次回また次回とやっているうちにいつの間にか永遠の明日になっていき、そうしているうちに次第に自殺したい気持ちが薄れていったりします。

自殺を決意している方は、死にたい、けど生きたいの両価性の状態にあります。ほんのちょっとしたきっかけで向こうの世界にもこっちの世界にもどちらにでも行く可能性があります。だから、些細なことでもいい、何かこの瞬間を生き延びて、更に言うならそこに何か人とのつながりを感じることができたり明日という未来をほのかに感じることができれば、また違った考えが自然と出てくるものです。

そういう意味でもクライエントの方が様々なものの見方を持てるように関わることが大事であると同時に、何よりもまずソーシャルワーカー自身が多面的に物事を見ることができるようになることはとても重要なことです。

こういったように、ものの見方を違った意味で捉えることをリフレーミングと言います。あるものの見方（フレーム）を再び捉え直すということです。リフレーミングは対人援助においては非常に有効的かつ実践的です。リフレーミングをうまく使えるかどうかでクライエントの方に与える影響は大きく変わります。簡単なものだと以下のようなものです。

怒りっぽい　↓　熱意がある
ケチ　↓　やりくり上手
うつで寝込んでいる　↓　充電中

いかがでしょうか。リフレーミングは頭の体操みたいなところがありますが、慣れてくるといろいろ出てくるようになります。そして何より、非常に実践的に使えるスキルです。

たとえば、先ほど挙げたようなことをクライエントが言ったとします。「私、怒りっぽくてダメなんです。ダメだって分かってはいるんですけど、ついどうしてもカッとなってしまうんです」といったことを言われた時に、「それだけ熱意があるんですね」などと言われたら、あまり悪い気はしないのではないでしょうか。

あるいは、「うちのカミさん、ケチでさあ」などと言われて、「やりくり上手なんだね」と返したら、おっと肩透かしを食う感じになるかもしれません。

「うちの主人、会社辞めてからずっと布団に入って寝てばかりなんです」と言う方に、「大変な思いをしたから今は充電中なんですね」と返したら、夫への見方が変わるかもしれません。

このように、リフレーミングは話の流れや空気感を一転させるパワーを持っています。いくつか例を上げましょう。

頑固　↓　信念が強い
気が弱い　↓　穏やか
落ち着きがない　↓　元気、活発
自分の意見が言えない　↓　平和主義
長続きしない　↓　切り替えが早い
なれなれしい　↓　人懐っこい
能天気　↓　ストレスためない
キレやすい　↓　発散できる
感情的　↓　感受性が強い
いいかげん　↓　うつにならない
失敗　↓　成功のもと
どん底　↓　上がるだけ

こういったような言葉をここぞという場面でリフレーミングすれば、相手の暗かった顔がパッと明るくなったり、ハッとすることが多いです。

また、なかなかリフレーミングが難しいようなことについては、こんなテクニックもあります。それは、何らかの問題だとしたら、その問題を「〜力」に言い換えてみる。そうして改めて見つめ直してみると、新しい視点が思いついて対応へのヒントになることがあります。

たとえば、杓子定規な人だとしたら、杓子定規力を持つ人と言い換えます。そうして「〜力」に言い換えると自ずから杓子定規のメリットを発想するようになります。するとキッチリした仕事を任せようとか、保守管理の仕事が向いてるかもねとなるかもしれません。

あるいは、不登校を不登校力と言い換えたらどうなるでしょう。不登校する力です。そうして考えると同じ様に、不登校には何らかのメリットがあるような気がしてきます。すると、不登校することでもうこれ以上傷つかないよう自分を守ったと考えられるかもしれませんし、あるいは自分のことを自分で決める力があるといった発想も出てくるかもしれません。

何よりも大事なことは、こういった捉え方を元に本人と関わることで本人がどれだけ勇気づけられるかということです。自分はダメだと思っている不登校の子の目と耳と心になって考えてみたら、リフレーミングされることの意義は言わずとも知れているのではないでしょうか。

私はよく、精神疾患の症状すら全て「～力」に言い換えて、考えたり伝えたりすることがあります。うつになる力、幻聴する力、解離する力といったように言い換えると、その症状の意味を違った角度から考えられるようになります。ほとんどが、そうなることで自らを守ってきたという文脈に言い換えられるように思っています。

この辺りはちょっと難しい所かもしれませんが、アドラー心理学の目的論の視点で症状には目的がある、すなわち何らかのメリットがあると発想することで得られるものです。

こうして見てみると、「～力」に言い換えることはある意味、ソーシャルワークのストレングスアプローチの応用編のようなものでしょう。その人の強みを見つけるだけでなく、弱みや欠点、更には障害ですらストレングスに変えてしまい得るからです。

また、時にもっと大きな意味で、たとえば人生の文脈すらリフレーミングで変わってしまうことがあります。

こんな方がいました。転職を繰り返してきた自分は意志が弱い、一貫性がないと嘆いておられました。どんな仕事でも長く持って一、二年で、中には一週間や一日二日で辞めたこともよくあったと言います。今現在もまた就活中とのこと。そして、昔からやりたいと思っていた仕事に挑戦しようかどうか迷っていると仰います。

その方の来し方を詳しく聞いていくと、私はあることに気づきました。それは、その方は確かに、ずっとやりたいと思っていた仕事に関しての興味・関心がずっと心を離れずにあり続けたのです。そこで私はここぞというタイミングを見計らって言いました。

あなたは意志が弱くて一貫性がないと仰られましたが、そうではなく、○○になるために一貫してその可能性がない仕事はすぐに見切りをつけてきたのではないでしょうか。だからあなたは、○○になるための道のりにおいては一貫してブレていないんですと。その方はあっけに取られてしばし絶句していましたが、確かにそうだったと言い、やがてその仕事に就きました。

転職を繰り返す意志が弱くて一貫性のない私から、○○という仕事に就くためにためらうことなく一貫して辞めてきた意志の強い私へと、物語が変わったのです。

これは、ナラティブ・アプローチで言う所のオルタナティブ・ストーリー（もう一つの物語）であり、より大きな意味でのリフレーミングと言えるでしょう。

忘れてはならないのが、いったい何のためにリフレーミングするかということです。ここをはき違えて小手先のリフレーミングをすると、クライエントがピンとこなかったり拒絶感を感じることがあります。言うタイミングも大事です。

全てはクライエントのウェルビーイングを高めるために、それを推進する原動力となる勇気を湧き上がらせるためのリフレーミングなのです。それがうまくいった時、リフレーミングは計り知れない効果をもたらすことでしょう。

不完全な自分を許す勇気を持つ

ソーシャルワーカーは困難を抱えた方々と日々関わります。感情労働とも言われるように、時に心をすり減らすような思いをすることもあるでしょう。

今後、少子高齢化にはますます拍車がかかり、福祉関係職の仕事は人手不足の常態化が見込まれます。人がいない中で多数のケースを抱え、過重労働になることもあるでしょう。責任感が強く自分が頑張らなきゃと、ある意味、自己犠牲的に関わる人ほど自分自身が疲弊していきます。中にはメンタル面で病んでしまいこの仕事を辞めてしまう人もいます。人のために良かれと思って就いた仕事なのに、自分自身が病んでしまうことはとても悲しいことです。

だから、誰かを助けるためにはまず自分自身を助ける必要があります。人を勇気づけるためにはまず自分自身を勇気づける必要があります。ここでは、そのためにどうしていけば良いかを考えていきます。

職場で疲弊してしまう人の特徴としてしばしばいるのが、かくあらねばならない、かくあるべきといったような「べき思考」が強い人です。かくあるべきという理想の高さを持ち、そのためにより良くしようと職場に対しても自分に対しても、もちろんクライエントに対しても熱心に仕事する人です。

ところが現実世界はそう簡単に思うようにはならないものです。馬力で何とかしようにも、若い時なら残業したり、時には徹夜してでもやることでなんとか間に合わせていたのが、年と共に体が利かなくなっていきます。

また、自分の理想にそう簡単には届かないのが現実社会です。にもかかわらず、かくあるべき基準に達していない周囲の人を否定しがちです。すると、周りはプレッシャーに感じたり雰囲気がピリピリしてきます。そうすると今度は職場で孤立しがちになります。

更にこういった人の特徴として人に頼れないことが多いので、いわゆる援助希求力がないと言いますが、そうしてますます自分で仕事を抱えてしまいます。けれども、理想高くかくあらねばならないので、自分に対しても厳しく追い詰めていきます。そうして中には、うつ病になってしまう人もいます。これもまたバーンアウトの一つの構図と言えるでしょう。こういった方は他者を責め自分を責めるという、他責と自責の両方を持つ傾向があります。

結局のところ、「べき思考」が強い人はいつかは行き詰まります。なぜなら完璧な人などこの世にいないのですから、完璧を基準に自他を評価すると、完璧に届かない自他を永遠に裁き続けるからです。ダメ出しのスペシャリストみたいなものです。

だから、もっともっと自分を叱咤激励する完璧主義よりも、やれることはやってあとは天に任せる最善主義の方が、精神的にも結果としてもうまくいくものです。

そして、べき思考を持つ完璧主義の人が生きやすくなる時は大体似たような言葉が出てくるものです。それは次のような言葉です。


「まあいっか」

「仕方がない」

「しょうがない」


これらは一言で言えば、許しの言葉です。かくあらねばならないと自分にも他者にも厳しかったその人が、そういった言葉を吐いて許せたその瞬間、ふっと肩の力が抜けるのを感じることでしょう。

だから、上にプラスしていく自己肯定感も大事ですが下にマイナスしている自分を許す自己受容の方が土台固めとして大切なことです。プラスするよりマイナスを許す。この、マイナスのダメな自分を許すことを、アドラー心理学では不完全である勇気と言います。

失敗した自分、妥協した自分、怠けた自分、弱い自分、ずるい自分、そういったダメな自分を人はなかなか許せないものです。特にべき思考の強い完璧主義の人にとっては難題です。けれど、その生き方はいつか行き詰まります。だから、そうなる前にダメな自分を許すことを練習していくといいでしょう。

そして同時に、自分のヨイ出しもしていく。ダメな自分をダメ出しばかりしていると、ますますダメになっていきます。だから、クライエントにやるように自分のできているところにもヨイ出ししていく。私がよく自己肯定感の低い方にお勧めしている方法が、「できたこと探し」というものです。人それぞれやり方は自由ですが、たとえば毎日寝る前にその日できたことを三つ、手帳か何かに書く。どんなことでもいいです。今日は面談した。書類を提出した、○○さんと会って話した。何もなかったと言う人がいますが、そんな時はご飯食べた、寝た、歯を磨いたでもいいです。これを継続してやっていくと、変化が起こる人が多いです。

なぜこんなことがいいのかというと、これもまたアドラー心理学の認知論の話になりますが、人が何を見ているかが現実になるということです。毎日、自分のできていないところばかりを見て、自分はこれがダメだあれがダメだとばかりやっていたら、自分がどんなにいろいろなことをできていたとしても、それは極端な話、なかったことになります。つまりダメな自分の物語の中に生きるようになります。ところが同じ毎日だったとしても、そこに当たり前のようなことでも構わないので、できている所に目を向けていければ、ダメな所もあるけどできている所もある自分になっていきます。

現実は決して現実ではなく、人は自分のメガネで見た現実を生きているのです。だったら生きやすい現実にするために、自分へのヨイ出しをしていこうということです。

大切なことは何のためにそれをやるかということです。完璧主義で自分を高めていくことは確かに良いことかもしれませんが、自分も周囲も息苦しくなるようであれば本末転倒です。ダメな所を許してヨイ出ししている人の方が、周囲と協力して望ましい結果を得るように思います。

べき思考が強い方は自分の不完全さを許す勇気を持ってはいかがでしょうか。べき思考の完璧主義の裏には臆病さや他者不信が隠れていることがあります。臆病さを埋めるために、あるいは他者から攻撃されないために完璧であろうとするのです。けれど、そうして自分を許さず自分が疲弊していくことは、クライエントに対しても良い影響を与えないでしょうし、かえって望ましい理想から離れていくのではないでしょうか。

そしてそれは、自分自身の劣等感に対してもそうです。優秀な誰かと比べて劣っている自分を見て情けなく思ったり、自分にがっかりすることは仕事をしているとよくあることです。

けれど、考えてみて欲しいのです。もし自分に劣等感がなかったとしたらどうなるでしょう。おして知るべしです。自分の状態に満足しているとそれ以上望みません。劣等感があるからこそ、それを埋めようと人は努力します。より良くあろうとします。劣等感は自分の成長の原動力となるのです。あらゆる人に劣等感があります。劣等感はあって当然なのです。

だから、劣等感への対処のコツは、劣等感そのものは感じざるをえないので、それはそれで感じるままに認めてあげることです。これもまた不完全な自分をそのままに受け入れる勇気です。あとは劣等感があれば自然にそれを埋めようと努力していくでしょう。だから、劣等感を元に現実逃避することをせずに、きちんと向き合って努力していけばそれでいいのではないでしょうか。

感情労働ゆえに疲弊しがちなソーシャルワーカーが、心身ともに良い状態をキープして仕事をしていくためには、繰り返しになりますが、やることはやった上であとは天に任せる最善主義と、不完全な自分をそのままに認めてあげる自己受容が必要なのではないでしょうか。

勇気の湧き出る源を知る

ソーシャルワークという明確な答えのない仕事はとても一人でやり遂げることができるものではありません。他者との協力が必要です。結局のところは他者とうまくやっていけるかどうかがどんな仕事でも一番大切なことでしょうし、ましてや支援機関などとの多職種連携が求められるソーシャルワークであればなおさらです。

アドラーは、人間のあらゆる悩みは対人関係の悩みであると言いました。理想高き完璧主義で人とうまくいかずに孤立しがちになるよりも、他者と協力関係を築いて他者を信頼し、他者に頼むことができるようになれば、精神的に余裕を持って仕事ができます。つまり、自分を勇気づけるためには他者との関係性が重要になります。

自分が所属する集団に安心していられて、そこにいる人との関係性がうまくいっていれば勇気をもって何かにチャレンジできます。それがうまくいっていなければ勇気をもってあと一歩が踏み出せません。だから、集団の中に所属できている実感を持つことは自分への勇気づけになるのです。勇気の反対は臆病ですが、勇気の敵は孤立です。人はつながりがなくては勇気を持てないのです。

だから、自分を勇気づけるためには、先ほど述べたヨイ出しや自己受容に加え、所属感が根本と言えるのかもしれません。今いる場所で所属感が得られれば、安心して自己受容もできていくことでしょう。ヨイ出しもスムーズにできるようになっていくかもしれません。

そして所属感が得られるためには受け身でいてはいけません。自分から先にその集団に貢献していくこと、そして協力していくことこそ大切なことでしょう。

人は誰かが自分にしてくれることを求めがちですが、それでは子どもと一緒です。人は与えられることを求めるほどに与えられず、与えるほどに与えられるものです。それは、ソーシャルワーカーである皆さんご自身が日々実感されていることではないでしょうか。そもそもなぜ、ソーシャルワーカーと限定しませんが、なぜ対人援助の仕事を選んだのでしょう？　なぜ人と関わる仕事をしようとしているのでしょう？

そこには必ず何らかの動機があるはずです。動機が明解な人もいれば、そうでない人もいることでしょう。けれど共通して言えることは、ソーシャルワーカーだけでなく対人援助の仕事全般に言えることなのですが、やはりこの仕事は返ってくるもの、頂けるものが大きいからではないでしょうか。

自分と関わった人の暗かった顔が笑顔になること、自分のしたことでありがとうと言ってもらえること、自分を信頼してくれる人がいるということ、そして何よりも社会的に弱い立場に置かれている方々のウェルビーイングに寄与できること。いったいこれらによって私たちはどれだけのものを与えられるのでしょうか。感情労働とはよくぞ言ったものです。その感情はマイナスのこともあればプラスのこともあるわけですから。

社会的な平均収入レベルで言えば明らかに低いこの業界の仕事ですが、にもかかわらずこの仕事をしている方々の中には、きっとそういったことが理由で勤めている人も多いのではないでしょうか。もしかしたら、金銭的収入で足りない分を心の満足度の収入で代替しているのかもしれません。

もちろん業界として収入のレベルアップは図られる必要があるでしょう。

そして、対人援助の仕事に就いている人の中でしばしばいらっしゃるのが、自分自身が悩んだり大変な思いをしたり、あるいは友達や家族にそういった状況にあった方がいるということです。それは私自身もそうです。私自身も学生時代にあがり症がひどくなって学校に行けなくなりました。結局、約二〇年悩み続けて克服しましたが、自分なりに大変な思いをしました。そのせいもあってか、やはりメンタルヘルスや心理学などへの関心が高く、精神的に生き辛さを抱えた方々への支援に携わることが多くなっています。

私と同じではないでしょうが、似たような経験を持つ方は実際多くいるように思います。病弱だったから看護師になった人、きょうだいが障害を持っていて障害者の支援をしている人、いじめられていた時に救ってくれた先生に憧れて先生になった人。

そう考えるならば、自分が体験した辛かったこと、劣等感、弱さ、そういった負のもの全ては、むしろ自分が自分自身になるための原動力となって今の自分を築いたのかもしれません。だから劣等感は感じていいのです。そうです、劣等感はただ辛いだけじゃなく、劣等感こそが宝に変わり得るのです。

では、こうしてクライエントと自分とを勇気づけていく中で、ソーシャルワーカーは何のために何に向かって行動していけば良いのでしょうか。その目指すべき目標について次章で解説していきます。

第四章のまとめ

●バイステック7原則「自己決定の原則」……自分で選んで自分で決める
●ソーシャルワーカーは、自己決定に躊躇する人には自分で決めることを促していき、自己決定したくても環境等によって奪われてきた方々には、それができるよう環境調整をしていく
●「じりつ」を支援するとは、行動や生活面の具体的サポートをする自立と、自己決定のサポートをする自律の二つの面がある
●エンパワメントとはパワーレスな状況に置かれている方々の権利と能力の回復をサポートしていくこと。エンカレッジメント（勇気づけ）はあらゆる状況の方に対して自らの力で乗り越えていけるように促していくこと
●ほめることとは、条件付き、上の者から下の者への評価的態度、操作的になりがち
●ほめるということとは外発的動機づけ。アメとムチ
●内発的動機づけは自分の内側から上がってきた思いや考えを原動力に行動すること

●人には生来、（能力を発揮したいという）有能感、（自分でやりたいという）自律性、（人々と関連を持ちたいという）関係性という三つの要求が備わっている
●勇気づけには信念に基づいた忍耐と意志と信頼が必要
●勇気づけとは、クライエントの方に困難を克服する活力を与えることであり、「自分には価値がある」と感じてもらえるようなあらゆる関わりを言う
●勇気づけの態度とは、他者性を尊重すること
●勇気づけの一つとして、報酬のあるなしに関わらず広義の意味での「はたらく」機会を提供することが大切
●ダメ出しは相手を萎縮させて、その本来持っている能力を発揮できなくさせがち。ヨイ出しはやる気が上がり、関係性が近くなって信頼感も増す
●ほめることは時間軸で言うと点を見ているが、勇気づけは相手のプロセスを見る。また、視覚的に言うと表面を見るのがほめることであり、内面を見るのが勇気づけ
●生きづらさが辛ければ辛いほどに、ものの見方が一面的になっている
●自殺を決意している方は、死にたい、けど生きたいの両価性の状態にある
●リフレーミングとはものの見方を違った意味で捉えること。リフレーミングをうまく使えるかどうかでクライエントの方に与える影響は大きく変わる

●問題を「〜力」に言い換えてみると、新しい視点が思いついて対応へのヒントになる
●自分を叱咤激励する完璧主義よりも、やれることはやってあとは天に任せる最善主義の方が、精神的にも結果としてもうまくいく
●下にマイナスしている自分を許す自己受容が土台固めとして大切。マイナスのダメな自分を許すことを不完全である勇気と言う
●劣等感はあって当然。劣等感は自分の成長の原動力となる
●人間のあらゆる悩みは対人関係の悩み
●集団の中に所属できている実感を持つことは自分への勇気づけになる
●勇気の反対は臆病で、勇気の敵は孤立。人はつながりがなくては勇気を持てない
●人は与えられることを求めるほどに与えられず、与えるほどに与えられる

第五章　ソーシャルワーカーが目指すべきゴール

私たちが支援する人たちの世界

ここまで、ソーシャルワーカーが支援を必要とする人たちと出会い、信頼関係を作って支援していく一連の過程について解説してきました。ここからは、ではソーシャルワーカーは何のために、どこに向かっていけばいいのかについて話していきたいのですが、その前に改めて私たちが支援する方々は一体何者なのかということについて、アドラー心理学を元に考察していきます。

支援をしていく中で様々な人々に出会います。関係性がうまく作れたり作れなかったり、いろいろあるでしょう。中には、いったいこの人はどうしてこんなことを言って、どうしてこんなにも感情が揺れて、どうしてこんな行動をするんだろうと理解できないこともあるでしょう。そして理解ができないままに支援が終わることもあるでしょう。あるいは、少しはその人を垣間見ることができるかもしれません。あるいは、その方のご家族と会って話をすることで、そういうことだったたのかとまた違った角度からの理解ができることもあるでしょう。

それでもやはり、うまくいかなかったケースの中には、どうしてもその人を知らない、あるいはその人を理解できなかった時が多いのではないでしょうか。

支援するには相手を知れということで、ここからは私たちが関わる人たちの世界について、生い立ちからの人生をアドラー心理学の視点で見ていきます。

（1）生い立ちから成人まで

誰しもが自分がこの世に生まれてきたとき、皆に歓迎され笑顔で迎え入れられます。両親の愛を受けて成長していきます。自分一人では何もできない子どもは他者からの援助を必要とします。子どもは周囲の大人より自分が弱い存在であるということに気づきます。その弱さを克服するために努力する子どももいるでしょう。けれど、自分が弱い状態にあると大人から守られたり助けてくれることに気づいた子どもは、もしかしたら弱さのままに留まろうとするかもしれないし、あるいは弱さを使うことを覚えるかもしれません。

また、甘やかされた子どもも自ら努力することをしなくなるかもしれません。身体にハンディキャップを抱えたり、未熟児で成長の遅い子も同じような心理状態にあるかもしれません。それが家庭の中で庇護されて安心安全の状態にいられるうちはいいでしょう。

けれど子どもはやがて社会に出ます。幼稚園や保育園、そして学校です。そこではこれまでのように特別な存在ではいられません。多くの子どもの中の一人になります。特に対人関係での準備ができているかどうかが問われます。

他者と協力してやっていくための準備ができている子はスムーズに適応しやすいでしょう。ところが、先ほど挙げたような子どもたちの中にはうまく適応できない子がしばしばいます。こういった弱さを抱えた子ども達は、これまで通りに周囲が自分のためにしてくれないことに驚くかもしれません。むしろ、そのままの自分では他者から否定されるでしょう。自立と協力を求められるからです。すると、他者から攻撃されているような感覚を持って警戒したり、他者に対して距離を置くようになるかもしれません。

両親に愛されなかったり憎まれた子どもはなおさらです。自分はこの世界から歓迎されていないと信じ、まるで弱肉強食のサバイバルの世界に生きているような感覚を持つかもしれません。虐待された子どもの中にはそういった感覚や思いを持つ子もいることでしょう。また、中には知的能力から学力でついていけなくなる子もいることでしょう。

誰しもが、子ども時代に劣等感や劣等性（身体的ハンディキャップ）を持つことは必然的にあります。そして、人は劣等感や劣等性を持つと、そこから生じる様々な問題を自分なりのやり方で乗り越えようとします。それが健全なやり方で有用な方向にいけば良いでしょうが、先ほど挙げたような甘やかされた子、ハンディキャップを抱えた子、憎まれた子の中には、その劣等感の荷が重すぎて健全なやり方を取らなくなることがあります。

そのやり方が困難を前にためらったり回避しようとするものである時、これをアドラー心理学では劣等コンプレックスと言います。そうすると、何らかの困難が起こった時、自分で責任を取らないような動きをします。誰かの後ろに隠れたり、弱さを使って免除してもらったり、自分がすべきことを誰かに代わりにやってもらおうとします。

学校ではなるべく教室の隅っこに身を潜めるようにするかもしれません。自ら進んで手を上げたり何かに挑戦しようとしないかもしれません。責任を引き受けることはなるべく避けるでしょう。それでも学校に行けているうちはいいでしょうが、不登校気味になる子もいることでしょう。

そういった劣等感が行き過ぎたあまりに課題を避けようとする劣等コンプレックスもあれば、中にはそれでも何とかして自分の優越感を満たそうとする子もいます。けれど、健全な努力では到底及ぶことができないと諦めた子の中には、手っ取り早く非建設的なやり方で優越感を得ようとする子がいます。それを優越コンプレックスと言います。過度の劣等感を抱えた人が困難から逃れるために、見せかけでもいいので優れている証《あかし》を得ようとするものです。自分を大きく見せようとしたり、自慢したり、悪いことをしてでも一番になろうとします。

たとえば、自分より弱い子に威張ってみたり、嘘をついてでも目的を叶えようとしたり、あるいは勉強でもスポーツでもダメなら不良になることで優越感を得ようとするかもしれません。そうなると悪くなることそれ自体が目的の時、教師の注意なり叱責自体が子どもにとっては報酬になってしまうこともあります。

この優越コンプレックスは劣等コンプレックスとコインの裏表の関係にあります。一方は優越感を損なわないため、一方は優越感を得るためという、目指す所は優越感を感じることで共通していますが、そのための手段が違うだけです。そして、結果として何ら役に立たないという点でもまた共通しています。その行き着く最悪のところが犯罪です。

そうして子どももやがては大人になり社会に出ます。特に社会に出た時に直面する課題が仕事の問題です。アドラー心理学で、仕事、交友、愛という人生の三大課題と言われるものの一つです。仕事には協力と責任が伴います。これまで親の庇護のもとに生きてきた子どもたちに自立が問われます。

劣等コンプレックスや優越コンプレックスを抱えた人たちの中にはここでつまづく人が多くいます。他者と協力する準備と自分で責任を取る準備が整っていなかったのです。そうすると職場でうまくいかず孤立してしまったり、辞めてしまう人もいるでしょう。そして、職を転々としてどこでもうまくいかなかったり、あるいは親と共に暮らしながら身軽なアルバイトやニートというグレーゾーンに逃げ込む人もいるでしょう。何らかの意図や目的があってのそういった立場ならまだしも、そこに逃げ込んだ人たちはそれを繰り返しているうちに次第に社会でやっていく自信がなくなっていきます。そして年を重ねるに連れ、職に就くことも若い頃ほどには容易ではなくなり、次第にこの世界での自分の居場所を見失っていきます。

三大課題の他の二つの交友や愛の課題もまたしかりです。より親密性や協力を伴うこれらの課題にたじろぎ、他者との間に壁を作ってしまうかもしれません。中には煩わしい人間関係を驚くほどいとも簡単に断ち切っていく人もいます。そうして自分と外界との間に壁を作ってしまったのが引きこもりです。こういった回避傾向のある人々のことをアドラーは次のように言いました。

「敗北を排除することによって優越性の目標を得ていた。対人関係で敗北することはなかった。人の中に入って行かなかったからである。仕事でも敗北しなかった。仕事に就いていなかったからである。愛においても敗北はなかった。愛を避けていたからである。主観的には、彼は人生に勝利を収めており、自分自身の条件で完全に人生を生きていた」(『人はなぜ神経症になるのか』P85)

引きこもった方々に対して、傍から見たら夜に起きて朝に寝て、毎日ネットやゲームばかりをやって怠けていると思う方もいることでしょう。特に家族からしたらなおさらかもしれません。ただ、本人からしてみればそんな生易しくないことがしばしばです。引きこもりの方の多くは現状を痛いほど理解しています。けれど、頭では分かってもいかんともしがたい現状に苦しんでいます。先行きが全く見えない日々が続いていく中で、社会からどんどん取り残されていく感覚を絶望感と共に味わいます。

本当は引きこもりから抜け出て社会でまっとうに暮らしたいのに、それができない自分に苦しんでいます。本当は人と仲良くやっていきたいのに、人を恐れ、引きこもらざるを得ない自分を恥じています。

そうして自分を守るために、アドラーの言う敗北をしないために、一切挑戦しないことでの見せかけの勝利を収め続けます。内面では惨めさと絶望感が渦巻きます。そして世間から孤立したその世界にあるのは強烈なまでの孤独です。

こういった引きこもりの方々が、そこから抜け出るためにはなかなかに大変なことですが、私がこれまでかかわった方々のお話を聞いていると様々なパターンがあるように思います。

先述した、父の手伝ってくれないかという一言で抜け出た人、まともに立てなくなった自分に衝撃を受けて歩く訓練から初めて徐々に自ら抜け出ていった人、突然部屋に屈強な男たちが現れて精神科病院に連れ去られ医療保護入院したことがきっかけで、そこから福祉サービスにつながった人もいます。

私の知り合いで、ACT（Assertive Community Treatment）と呼ばれる多職種アウトリーチチームに所属して引きこもり支援をしていた方のお話では、粘り強く家庭訪問して一年かかってようやく会えるようになったといった話も聞きました。ACTは看護師・精神保健福祉士・作業療法士・精神科医からなる多職種チームアプローチであり、それだけの財政的負担と労力をかけてなおこのような状況にあることに、引きこもりのケースの困難さが伝わってきます。

このようにいろいろなケースがありますが、やはり引きこもりの回復で多いのはデイケアや福祉サービス等の支援機関などと繋がったケースのように思います。いずれにせよ、孤立状態にある引きこもり者をどうやって社会につなげるかが鍵になるでしょう。


また、近年聞かれるようになってきた問題として八〇五〇問題があります。これは二〇一八年頃から起こった処々の事件の背景に、八〇代の高齢の親と五〇代の引きこもりの子どもという家族構成があったことが明るみに出たことを機に、問題提起され始めました。

これは、かつては若い人たちの問題であった引きこもりが未婚のままに高年齢化し、それを支えていた親が高齢化したことに伴い支えきれなくなって顕在化した問題です。家族の社会的孤立、言い換えれば家族単位での社会的引きこもりと言ってもいいかもしれません。

この問題が世に知られるようになってきた以前から、私が関わったケースでも似たようなことがよくありました。私のケースの場合は四〇七〇問題と言いますか、四〇代で精神疾患等により無職となった子どもを支えている七〇代の一人親というパターンが多かったです。そしてその七〇代の親も認知症や体調不良の状態にありながらも介護保険等の支援を拒否していたことで、社会との接点が親子ともども希薄で非常に危うく思った記憶があります。

実際に親の介護のことで介護関係者が家に入ったことにより初めて、子どもの引きこもりが発覚したということも多いようです。そういう意味で言えば、親の介護拒否と子どもの引きこもりが相まって、社会に何ら知られることなく家族自体が孤立しているケースは相当にあることでしょう。

今後、団塊の世代の高齢化とその子どもたちの世代である第二次ベビーブーマー世代の高年齢化により、しばらくはこの問題は八〇五〇だけでなく、四〇七〇や六〇九〇といった幅の広がった世代での社会問題として続くことが想定されます。

ここまで、困難さを抱えた方々の心理的状況などを幼少期から成年に至るまで、大雑把にではありますが辿ってきました。他にも、虐待やＤＶの問題、中途障害、ガンや難病、生活困窮者、犯罪者等々、様々な問題があることでしょう。また、ここで挙げたような引きこもりの問題にせよ八〇五〇問題にせよ、いずれにせよ問題の本質は社会的孤立にあります。これをいかに社会的包摂として社会につなげる方向で関わっていけるかが大切なことでしょう。では、次からは、今後更に増えていく高齢者の置かれている状況を見ていきます。

(2) 人生終盤の諸相

今後、少子高齢化の波がますます時代を覆っていくでしょう。人生一〇〇年時代と言われるようになったように、六〇才で還暦祝いに赤いちゃんちゃんこを着ていた時代は遠い歴史の一ページとなったと言えば言い過ぎでしょうか。今なおある風習にせよ、当の本人たちは赤いちゃんちゃんこを着たくないという人がほとんどのようです。確かに、高齢者の仲間入りを象徴するような赤いちゃんちゃんこを六〇才で着るというのは非常に違和感があります。

実際、定年もこの本を書いている現在で言えば六五才が浸透しつつあり、二〇二一年四月から施行される七〇才就業確保法案が国会で可決され、定年七〇才が今そこに近づいてきている状況にあります。

二〇一六年に『LIFE SHIFT(ライフ・シフト)——100年時代の人生戦略』という本がベストセラーになりましたが、この本にも書かれているように、かつての学校・仕事・引退という三ステージ型の人生はとうに崩れてきています。人生一〇〇年からしてみれば、六〇才からは四〇年ぐらいの年月が待っています。定年が仮に七〇才になったとしてもそこから三〇年あります。これからの時代においては、この定年後の人生を自分でどう描いていくかが各人に問われていると言えるでしょう。そしてその描き方もまた多様です。働く人もいれば、余生として趣味や旅行等で過ごす人もいれば、ボランティア等、それぞれにそれぞれの描き方があり選択肢があります。人生は決まったお決まりのコースではなく、自らデザインする時代が来ています。

とは言え、この人生の終盤においては若い頃のようにやりたいように何でもできるというわけにはいきません。次第に身体が衰えていき、病気とのつき合いも増えていきます。また、交友関係においても年を取ればとるほど、かつてのように頻繁に会うことはできなくなっていくことでしょう。中には伴侶などの近親者との別れも必然的にあります。

また、家族構成においてもかつてとは異なってきています。昭和の時代では典型的家族だった三世代が同居していた時代はとうに過ぎ、未婚と少子化が拍車をかけて個の時代が到来しています。今や単身世帯が多くを占めます。単身高齢者しかりです。こういった時代における高齢者の心象風景はどういったものなのでしょうか。

では、ここからは、筆者が実際に関わっている東京社会福祉士会における「高齢者のための夜間安心電話相談」の活動状況や報告書を元に、高齢者の心象風景を考察していきます。

この活動、いわゆる通称で呼ばれている「安心電話」に略させて頂きますが、安心電話は各都道府県にある社会福祉士会の中でも東京社会福祉士会独自の活動のものです。一九九八年から始まり今現在二〇年以上に渡って継続しています。天災等を除き、三六五日毎日活動してきましたが、大変残念ながらコロナウィルスの影響によって、二〇二〇年に初めての一カ月以上の活動休止に追い込まれました。この安心電話を心の支えにしている方々のことを思うと、大変胸が痛むところでした。コロナウィルスの後の時代においては、安心電話のあり方も問われていくかもしれません。

そしてこの安心電話の特徴として、電話する側もされる側も双方が匿名であること、そして対話型電話相談であることなどが挙げられます。匿名であるということは、ソーシャルワーク特有の機能としてのアウトリーチ（出向いての支援）をしないことを意味します。

また、こういった電話相談では多くの場合が相手の話を傾聴するスタイルや問題解決型のものですが、この安心電話は対話型電話相談と標榜して、相談員も各自の判断内で一定程度の自己開示をして対話することを認めています。

では、次からは平成二九年度厚生労働省地域自殺対策強化交付金に基づく活動報告書を元に、安心電話の詳細を具体的に解説していきます。まず①をご覧になってください。

相談者年齢別件数として、電話してこられる方々の年代を分類したものです。これを見る限りは

① 相談者年齢別件数

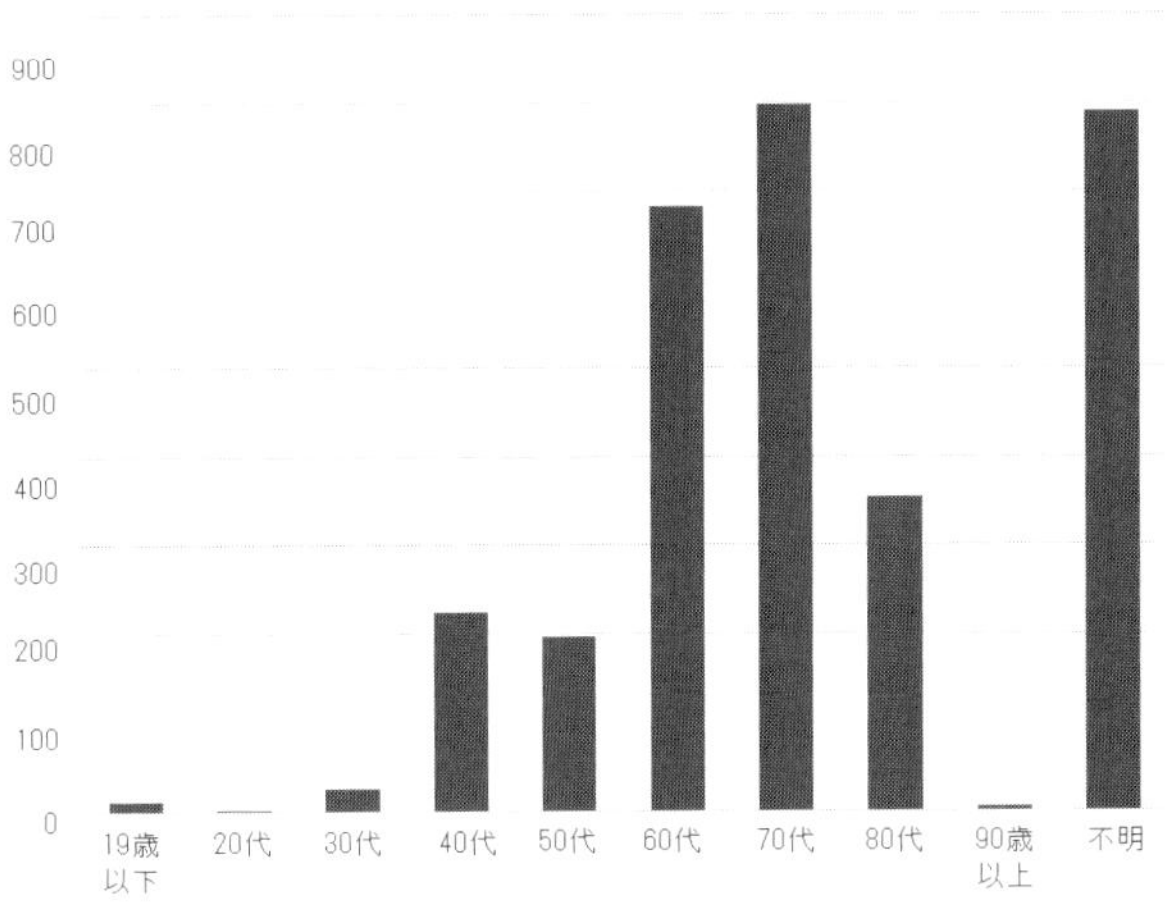

六〇～七〇代が最も多く電話してこられていますが、電話することに年齢制限を設けていないこともあり、中には四〇代や五〇代の方も一定程度います。この世代の相談内容もかつては親の介護の相談が多かったですが、最近ではご自身の悩みなどが増えてきているように思います。更にこの報告書を出してから数年経って感じることとして、この四〇～五〇代からの相談件数が更に増えてきているように思います。ここからも八〇五〇問題の実情が垣間見えてくることがあります。

次に②の相談の主題です。この安心電話が始まったのが、介護保険制度ができる二年ほど前のことです。当初は、制度や施設や病院等についての具体的な相談が多いかと思っていたよ

② 相談の主題（割合）

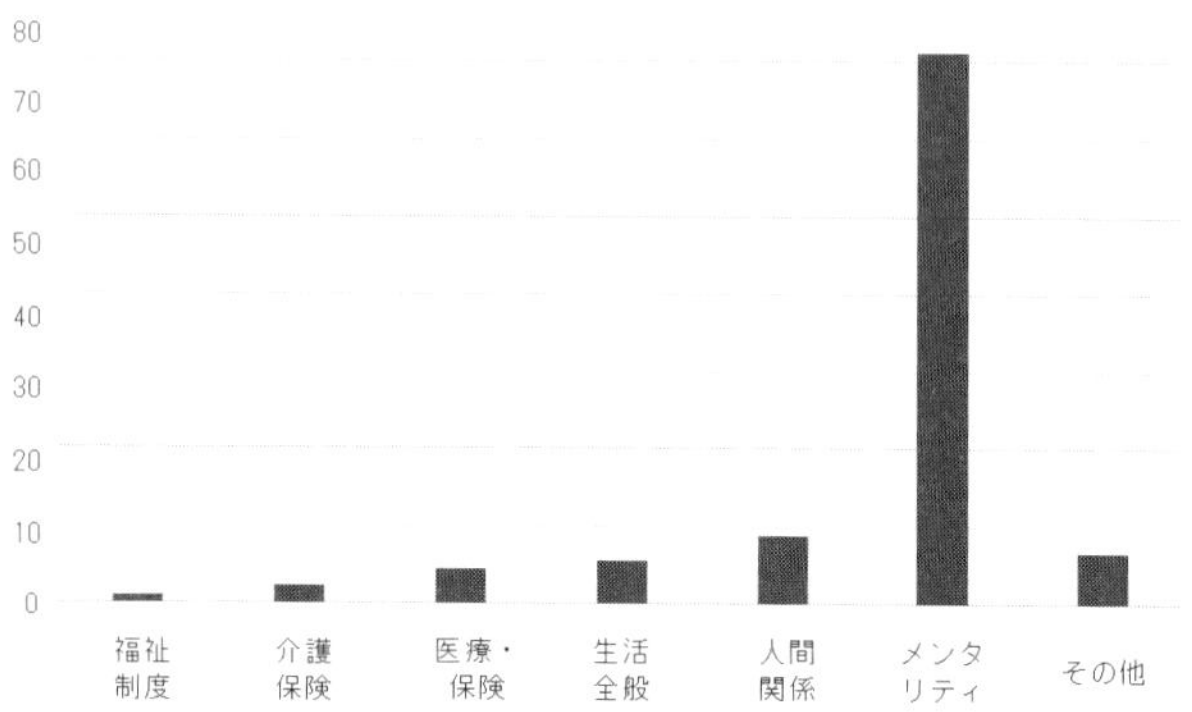

うですが、始まってみればこの②のようにメンタリティの相談が圧倒的に多かったようです。しかもそれが他愛もない会話だったり、ただただ気持ちを吐き出すものだったり、それは現在に至っても変わっていません。

そして次の③が、②のメンタリティの中身を更に細分化したものです。これを見る限り、自己開示・対話の欲求と孤独・寂しさの解消といったような、まさに問題解決や悩み事解決というよりも、ただただ、対話を求めていることが伺えます。では、実際にどういった内容の電話が多いのでしょうか。

第二章でも少し触れていますが、よく頂くコメントとして、「今日初めて人と話したわ」、「夜になると寂しいんです」といったものがあります。約八割程度がリピーターの方がかけてくるものですが、中

③　メンタリティ内訳（件数）

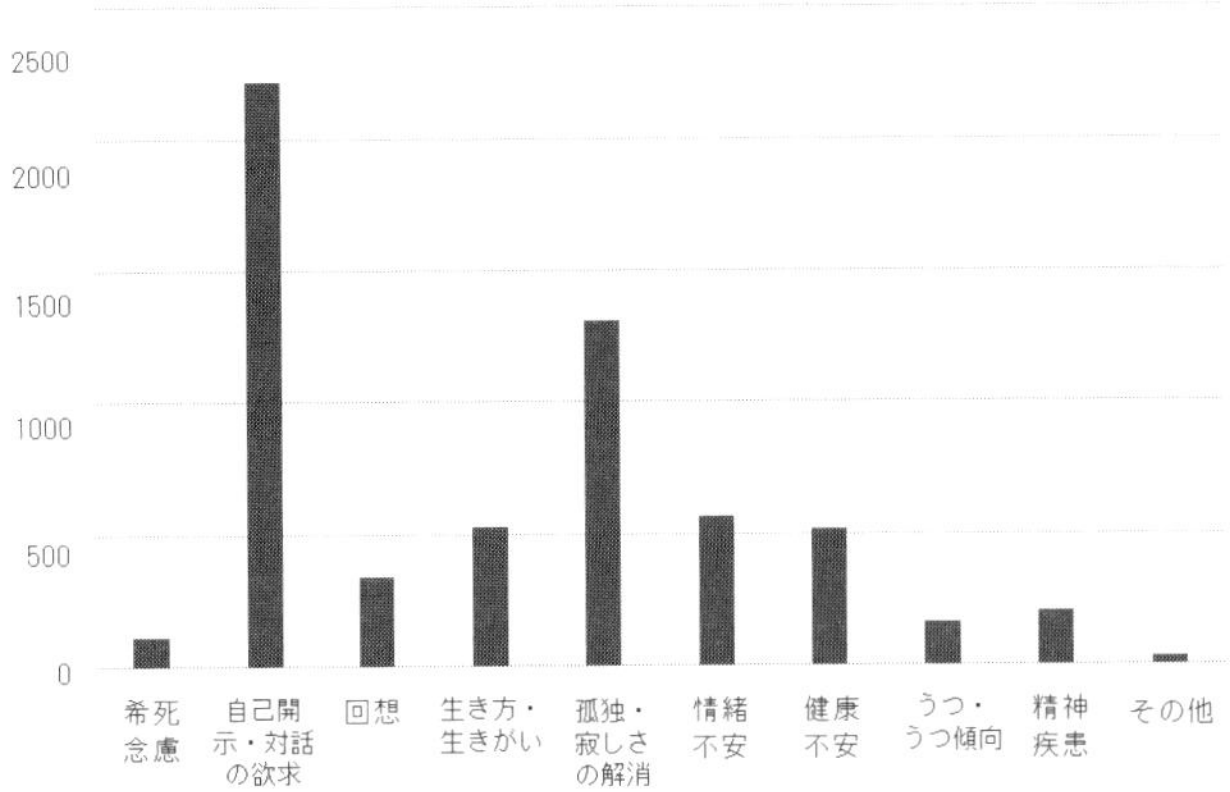

にはまるで定型文のようにいつもと同じ話の展開で、こちらも丸暗記できるほどに同じ内容の話をして最後のセリフまで同じ言葉を言って切られる方もいます。

あるいは、ご自身の体調のことなどを息つく間もなく話される方は、こちらの相づちが追いつかないほどに、むしろ相づちなどいらないぐらいに立て板に水のように話されて、思いの丈を話された辺りでありがとうございましたと言って切られます。

また、切々とご自身の大変な状況を話される方がいて、こちらも何とかしてあげたいと思っていろいろな提案なり助言なりをして、じゃあこうしてみようという話になったとしても何ら進展せずに、次に電話をかけてくるときには同じ悩みなり違う悩みなり、まるで悩みを作り出すことでこちらの関心や心配を得ようとしているかのように思えてしまうこともあります。

たとえ困っているような話の内容だったとしても、何かが解決しているわけではなくても話すことで落ち着いてくる方もいます。

つまり、ほとんどの方が社会福祉士の専門性を求めて問題解決を期待するというよりも、ただ話す相手が欲しいのです。ただ聞いてほしいのです。ただただ対話そのものを求めているのです。しばしば頂くコメントとして、フンフンと話を聞いているだけの傾聴ではなく会話をしたいんだと仰られる方もいます。人は話を聞いてくれる他者の存在と応答があってこそ自分自身を確認できるのかもしれません。

オープンダイアログという統合失調症の治療法に大きな影響を与えた思想家のミハイル・バフチンは、言葉にとって応答がないこと以上に恐ろしいことはないと言っています。誰からの応答もない状態に置かれている人はまるで虚無と対峙している世界にいるのかもしれません。

私が以前、病院にカウンセリングに行った時のご高齢の方が力なく言った言葉が印象的でした。つい最近まで普通に生きてきたのに入院してから天井を見ているだけの毎日なのよと。応答なき天井とのいつまで続くか分からない日々にいたたまれなさを感じたのでしょうか。

今、ご高齢で毎日何もすることがないと仰られる方も、かつては社会の一員として何らかの役割を持って生きてきたことでしょう。それは、家庭での母なり父なり、夫なり妻なり、あるいは仕事を通して社会と関わっていたことでしょう。ところが、やがて定年となり、これからどう生きていけば良いか迷ったり、あるいは自分のアイデンティティを見失う人もいます。そうこうしているうちに、子どもたちも離れていき、更に高齢になってくると、まず多いのが友達との関わりが減っていきます。友達が身体の調子を悪くしたり、認知症になって施設に入ったり、連絡も途絶えていきます。そして、やがて必ず起こる最も大きな出来事であろう伴侶の死が訪れます。ぽっかりと空いたような空白が、そこから一日、一か月、一年と過ぎていきます。その時、人は何を思うのでしょう。

そういった一人になってしまった方々がこの安心電話にかけてくることが多いように思います。ただ応答を、すなわち対話を求めるのです。今日初めて人と話したわ、夜になると寂しくてとか細い声で話されます。これは東京での話です。大都会東京には人々の喧騒の谷間に底知れぬ孤独があります。私たちのすぐ隣に。

そして、やがてはこの電話にかけることができなくなります。かつては毎日のようにかけてきた方から、そういえば最近掛かってこないなと気づきます。何があったのかは分かりませんが、電話をすることができないほどの状態になってしまったのでしょう。多くは人生の最期がひしひしと近づいているのに違いありません。

第四章でも触れましたが、ＷＨＯ（世界保健機関）が定義した緩和ケアの対象として、身体的苦痛、心理的苦痛、社会的苦痛、スピリチュアルな苦痛があります。これはホスピスや緩和ケアの母といわれるシシリー・ソンダースが提唱したトータルペイン（全人的苦痛）と同じものです。つまり、死を目前にした終末期にはこの四つの苦しみが絡み合って存在しています。

身体的苦痛は、たとえばがん患者などの疼痛が挙げられるでしょう。心理的苦痛はまさに不安やうつ状態といったものです。社会的苦痛はお金の問題や仕事のことなどでしょう。ではスピリチュアルな苦痛とは何か？というと多くの日本人は戸惑うかもしれません。

緩和ケアに長年携わった村田久行氏は、スピリチュアルペインの定義を「自己の存在と意味の消滅から生じる苦痛」としました。そしてスピリチュアルペインを時間性・関係性・自律性という概念から考察しています。人は死を直前に将来を失うという時間性の喪失、たとえば「ただ死を待っているだけ」、「私の人生は何だったのか？」といったような思いに苛まれます。そして、他者との関係が途絶えるという関係性の喪失、たとえば「ひとりぼっちでさびしい」、「自分一人取り残されてしまった」といったような寂寥感が身に迫ってきます。そして自分のことを自分ではできなくなっていく自律性の喪失、たとえば「何もできない」、「人に迷惑をかけているだけ」といったようなやるせなさと失望を感じます。それらの苦痛をスピリチュアルペインとしたのです。

こうして見てみると、人生の終盤において避けられないことはあらゆる意味での喪失体験です。そしてそれは終末期に限らないでしょう。高齢になっていくにつれ、かつては行けた所に行けなくなり、歩けないようになっていき、周りの人との連絡が途絶えていき、友人や伴侶を失い、病気が治ったら身体が良くなったらという将来を失う。今日できていたことが明日できなくなり、社会から自分が遠のいていく。日々が喪失の連続です。いったいどれほどの痛みなのでしょうか。身をはがされるような思いなのかもしれません。

ここまで人生終盤の諸相として、安心電話の実践から見た高齢者の心理状況や終末期について述べてきました。ここに一貫して流れているテーマは、孤立した状況と孤独感です。孤独感とは、何か心が渇くような、身が締め付けられるような、身に迫るような何とも言えない感情です。人は一人では生きられません。他者がいるからこそ生きることができ、他者の存在をもって自分自身の存在を確認します。人は元々は群れに所属する、いわば社会的動物です。群れからはぐれた者、取り残された者は、時に生存すら危うくなります。孤立や孤独とは、人間にとって本能的に感じる危機を意味しているのです。

この章の冒頭では、幼少期からの引きこもり、八〇五〇問題などのことについて述べましたが、そこにも一貫として孤立や孤独というテーマが流れています。

アドラーはあらゆる悩みは対人関係の悩みと言いましたが、私はそれを裏返すならば、結局のところ人間のあらゆる悩みは孤独の悩みではないかとさえ思ってしまいます。

悩みは、仕事・交友・愛というそれぞれのテーマに沿って様々な外見をまとって現れます。悩みがひどくなって発症した精神疾患しかりです。それぞれの病理はうつや統合失調症、人格障害、対人恐怖等々、表層では形は違っても、全てはつながりの希薄さや断絶から来る孤独感が、誰にでもありうる思い込みや歪んだ考えを際立たせ病理にしてしまっているのではないかと思うのです。

では、こういった取り残されたことによる孤独感の中にいる人々を再び人々の輪の中に連れ戻すために、ソーシャルワーカーはどのように、何に向かっていけば良いのでしょうか。次からいよいよ核心に迫っていきます。

ソーシャルワークの定義とゴール像

ソーシャルワーカーは社会的に弱い立場に置かれたクライエントと出会い、援助関係を築き、勇気づけ、支援していきます。では、私たちの目指すべきゴールはどこなのでしょうか。クライエントの問題解決をすればそれで良いのでしょうか。

ここで、そもそものソーシャルワークの定義について触れておきたいと思います。以下が、国際ソーシャルワーカー連盟（ＩＦＳＷ）のソーシャルワーク専門職のグローバル定義です。

「ソーシャルワークは、社会変革と社会開発、社会的結束、および人々のエンパワメントと解放を促進する、実践に基づいた専門職であり学問である。社会正義、人権、集団的責任、および多様性尊重の諸原理は、ソーシャルワークの中核をなす。ソーシャルワークの理論、社会科学、人文学、および地域・民族固有の知を基盤として、ソーシャルワークは生活課題に取り組み、ウェルビーイングを高めるよう、人々やさまざまな構造に働きかける」

非常に抽象的で分かりづらいですが、目指すべき目標としてのここでのキーワードは「人々のエンパワメントと解放」、「ウェルビーイングを高める」といった所でしょうか。言い換えれば、その人が自らの可能性に目覚め、幸せになるための自己実現がゴール像であり、それを支援していくのがソーシャルワークであると言えるかもしれません。ちなみに、ケースワークの母と呼ばれるリッチモンドは、その著書で次のように言っています。

「ソーシャル・ケース・ワークの最高の基準はパーソナリティの成長である。クライエントのパーソナリティが変化したか、また正しい方向に変化したか。すなわち、解放された活力と独創力がより高い、より良い欲望と、より健全な社会関係の方向にむけられているか。……人間として人間に向けられる暖かい人間的な関心をもつことによってのみ、以上の疑問に肯定的に答えていくことができる。しかし、肯定的に答えていくためには、ケース・ワーカー自身にとってもパーソナリティ

の成長が必要である」（『ソーシャル・ケース・ワークとは何か』P163）

先ほどのソーシャルワーク専門職のグローバル定義より、こちらの方がもう少し分かりやすいかもしれません。そして、アドラー心理学と親和性のある言葉が多く並んでいます。目指すべき目標としてのここでのポイントは、「クライエントのパーソナリティの成長」、「より健全な社会関係の方向」、「ケースワーカー自身の成長」といった所でしょう。

あえて要約すれば、クライエントのパーソナリティの成長のためには、ケースワーカーすなわちソーシャルワーカーの暖かい関心が必要であり、そしてそのためにはソーシャルワーカー自身も成長していかなければならないということです。このリッチモンドが言う、ソーシャルワーカーのあり方には、社会的弱者に対するリッチモンドならではの暖かさが伝わってきます。貧困家庭を訪問していく中で、当時色濃くあった貧困者は怠けているんだから働けという発想ではなく、対等な同じ人間として寄り添いながら支えていったあり方が浮かんできます。

そのあり方はアドラー心理学で言うところの相互尊敬・相互信頼の態度と同様です。そして、決して施しによってクライエントを社会的弱者の位置に置き留めるのではなく、パーソナリティの発達を促して、自らの力で社会に有用な方向へと関わっていけるよう勇気づけていくものと言えるでしょう。

私はここにアドラー心理学のゴール像と共通のものを感じます。つまり、勇気づけと共同体感覚です。あなたはできると勇気づけ、そして共同体の一員として所属できるよう促していくものです。では、そのゴール像である勇気づけと共同体感覚ですが、それはどのような世界なのでしょうか。次から詳しく述べていきます。

（1）共同体感覚

アドラーがあらゆる悩みは人間関係の悩みと言ったように、悩みは他者とのつながりの程度、すなわち孤独の程度によって大きく影響が異なります。悩みは人間が人間である以上、生老病死に伴って様々に形を変え、状況を変えてやってきます。それは時に、不登校かもしれない、あるいは産後うつかもしれない、ガン、中途障害、貧困、独居老人、等々、表層を変えてはみるものの、自分以外の人々から自分だけが取り残されたかのような孤独感がその苦しみをさらに強めます。ガンや中途障害といった器質的な苦痛さえもです。そして孤独感は、不登校や貧困といったもしかしたら状況に過ぎないかもしれないものにまで、恥という感情で上塗りします。

孤独状態に置かれた方は、希望、自信、勇気を次第に失っていきます。そして他者を警戒します。なかには他者との間に壁を作ってしまう人もいるでしょう。ソーシャルワーカーが会う方々は程度の差こそあれ、そういった状況にある方々です。私たちに必要なことは孤独をつながりに変えることです。すなわち共同体感覚を高めることとです。

では、共同体感覚とは何かということですが、それは他者を仲間と思い、自分の居場所がある感覚のことを言います。一言で言えばつながりと言ってもいいでしょう。アドラー自身は明確な定義はしていないものの、共同体感覚を協力や貢献、他者への関心、博愛、勇気などといった言葉で様々に言及しています。アドラーの数ある著作の中でも共同体感覚は最も多く言及されている言葉の一つでしょう。アドラーは言います。

「一番最初から共同体感覚を理解することが必要である。なぜなら共同体感覚は、われわれの教育や治療の中のもっとも重要な部分だからである」（『個人心理学講義』Ｐ16）

教育なり、看護なり、福祉なり、あらゆる対人援助の仕事にとって何よりも重要なことは共同体感覚です。あらゆる問題が困難さを増していくほどに孤独を伴うものである以上、他者とつながっている感覚を高めていくことが大切です。たとえ同じ問題だとしても、共同体感覚があるかないかでは被害の程度は雲泥の違いがあるでしょう。そして人生がうまくいかなくなればなるほど、人はそれに比例して共同体感覚が低くなる傾向があります。

「われわれが失敗と呼んでいるものは、すべて共同体感覚の欠如を示しているという単純な事実が、最も強く納得されるだろう。子ども時代や成人の生活におけるすべての失敗、家族、学校、人生、他者との関係、仕事、愛における悪しき性格特性は、共同体感覚の欠如に起源がある。それらは一過性のこともあれば持続することもあり、様々な仕方で表れる」（『生きる意味を求めて』Ｐ232）

アドラーが言うように、私自身これまで対人援助の仕事を通して関わってきた全ての人が例外なくそうでした。共同体感覚の程度が人生で起こる諸困難の失敗にも成功にも大きく左右します。つまり他者を信頼し、仲間と思い、協力し、居場所やつながりがある人ほど、何か問題があったとしても大ケガに至らず何とかなるように思います。逆に言えば、他者を信頼せず、他者は敵と考え、自己中心的で、どこにもつながっていない人ほど、人生は容赦ないほどに厳しく反応します。

ソーシャルワーカーの仕事につきもののアセスメントは、クライエントの心身の状態や、生活状況、家族構成等、様々な情報を聞いていきますが、私は長年の対人援助の経験から自然に二つの面でアセスメントする習慣が身につきました。一つには他者を信頼し協力できる人かどうかという点。もちろんこれは、アセスメントシートには書かずに心の中での話です。そしてもう一つ、これはつながりの程度です。その人とつながっている友人、家族、支援者、精神科医、等々。こちらの情報の方が生死に関わる問題などに直接絡んできますので、より強く意識する必要があるでしょうし、リスクが高そうな人には何らかの対応を考える必要があるかもしれません。

結局のところ共同体感覚があるかないかをシンプルに言えば、自分に関心を持っているか、他者に関心を持っているかどうかの程度の違いとも言えるでしょう。そういった自分自身にしか関心がない人は、これまで述べてきたように成育歴や人生の来し方を通して、相当に勇気をくじかれていることが多いです。そして自分自身の価値を感じられず、他者を信頼せず警戒します。

そういった人につながればいいと言っても、そう簡単には人とつながることがスムーズにいくはずもないでしょう。この本の最初から述べてきたように、まずは丁寧に信頼関係を構築していく必要があります。勇気をくじかれた人と信頼関係を築いていくためには、こちらが先手の信頼、先手の関わり、先手の関心を示す必要があります。

そうして、孤独に陥らないよう様々な形でのつながりを築き、維持していく必要があります。公的なもので言えば、福祉サービスにつなげたり、あるいは相談機関につなげたり、保健師や専門職によるアウトリーチもいいでしょう。訪問看護や訪問介護しかりです。自分のところに相談に来られたのなら、次回の面談約束をその都度していくこともつながりの維持です。

孤独担当大臣のポストを作ったイギリスでは、社会的孤立を防ぐための考え方として社会的処方というものがあります。これは多かれ少なかれ日本各地でもやっていることでしょうが、地域住民や地域活動に社会的孤立状態にある方々をつなげていくものです。そして、その役割を誰が担うかということで、専門職に限らず一般市民をも巻き込んだものにリンクワーカーという存在がありま す。ソーシャルワーカーと一般市民との中間にあるような存在とも言えるでしょうか。ミニ民生委員と言ってもいいかもしれません。社会福祉協議会などではコミュニティソーシャルワーカーといった立場で活動されている方もいるようですが、そこまでの専門性を持たなくても、地域住民がボランティアやサークル活動などの地域資源につなげていって社会的孤立を防ぎます。

今後イギリスでは、リンクワーカーを増やしメンタルヘルス等の教育機会を提供していく取り組みが行われていくようですが、社会的孤立がもたらす医療費などの社会的損失の増大に目を向けたイギリスならではのものと言えるでしょう。『社会的処方』（西智弘編著、学芸出版社）という本に、イギリスだけでなく日本での様々な活動も詳しく書かれています。

今後、ＡＩやＶＲ等の様々なツールの開発に伴い、特にコロナウィルスの後の時代においては、専門家か一般市民かを問わず、有償か無償かも、公的か民間かも問わず、更に言えばオンライン化の普及に伴う地域の垣根をも越えた、様々な立ち位置の人々による様々なやり方と自由な発想で、孤独・孤立を防いでいくことが必要とされていくでしょう。こういった地域の人々による取り組みは、虐待の早期発見や引きこもりや八〇五〇問題等、家族単位での社会的孤立をも発見・予防していくものとも言えるでしょう。

かつて、二〇〇八年に秋葉原で起こった無差別殺傷事件についてのドキュメンタリー番組を見たことがあります。正確に内容を覚えているわけではありませんが、その事件を引き起こした犯人の加藤智大の事件前の状況を克明に追ったものでした。

派遣社員を転々として不安定な立ち位置で働いていた加藤は、会社での人間関係が希薄でうまくいっていなかったようでした。友達もほとんどいなく、ネット上の掲示板でのやり取りで孤独感を埋めていたようでした。自殺をしようとしたこともあったようです。そしてある日、ネット上でもひどく否定されたことに加藤は大きなショックを受けます。家庭環境も関わりが乏しく、友達もいない。会社に行ってみれば自分の作業服がなくなっていた。完全に社会から見捨てられ、ネット空間にすら生きる場所がない。奈落の底に落ちたような屈辱感と絶望感を味わった加藤が思いついた大逆転するほどの挽回策、それが大量殺人で自分の位置より下に社会の誰かを引きずり落とすことだったのかもしれません。あるいは、殺人行為によって人の人生を左右する全能感を得ることで自分の過度の劣等コンプレックスを埋めようとしたのかもしれません。

加藤のこの重大犯罪を「なぜ大量殺人を犯したのか?」という原因論の視点で見れば、人生に絶望して、あるいは幼少期からの家庭環境の希薄さから、あるいは人格障害では?といった理由などが上がるかもしれませんが、一方、アドラー心理学の「なんのために大量殺人を犯したのか?」という目的論の視点で見れば、先ほど挙げたような、自分の位置に誰かを引きずり落とすために、あるいは人の人生を左右する全能感を得るために、そして自らの劣等コンプレックスを埋めるためにといったような新たな視点が得られます。そして、これらを更に「なんのために？」という問いで絞り出していくと、詰まるところは「孤独感を埋めるために」、「自分の有用さを感じたいために」といったような、これ以上は還元できない言葉になります。ここにも加藤の共同体感覚の乏しさと、自分の価値を感じられずに勇気がくじかれている状態が浮き彫りになります。

アドラーは犯罪者の心理についても多く言及していますが、このようにアドラー心理学の目的論の視点で考察すると、加藤の犯罪行為に同意することはなくてもその心理状況は理解可能なものとなります。すなわち、動機は善、手段の過ちだったのです。あくまでも加藤なりのという意味においてですが。

こうして、人の行為を、原因と目的という二つの「わけ」で考察することで、より多面的な理解と違う対応策が考えられるようになります。

そして私が最も印象的だったシーンが、大量殺人前の準備のためか何かを買うためにとあるお店で買い物をしたシーンでした。レジの上の方から防犯カメラで録画されていたその動画の中で、レジのおばちゃんが加藤に何か声をかけ、加藤が微笑んでいたのです。ここは曖昧な記憶ですが、たしか故郷の話をしたと番組の中で言っていたような気がします。

このエピソードに私は紙一重の差を感じました。あくまでもしかしたらの世界ですが、もし、加藤の側にそういった関わりなり、あなたのこと気にしているよといった存在が一人でもいたのなら、おせっかいおばさんが身近にいたのなら、この犯罪は起こらなかったのではないか。そう思えてならないのです。

いつの時代にも加藤の予備軍のような人はいたでしょうし、今後もいることでしょう。そういった絶望的なまでの孤独感の世界に生き、自分自身の存在意義を実感できない人たちは、完全なまでに勇気をくじかれています。人とのつながりがなく勇気をくじかれた人々は臆病です。努力したり我慢したりといった正当な手段で自らの劣等感を埋め合わすことを諦め、短絡な方法で過度の劣等感を埋め合わせたり逃れようとします。

それが自殺であり犯罪行為です。これらはコインの裏表のようなものです。それほどまでの孤立状況にあって孤独感に襲われている人は、その状況に居続けることの苦しさよりも自殺でその苦しみを断つ方を選ぶことがあります。生きたい、けど死にたいの両価性の天秤に心揺れながら、最後に吸い込まれるような選択をします。

加藤の歪んだ世界では、自殺という手段がうまくいかなかった後には、コインのもう一つの裏面の犯罪行為、しかも自分の主観的な劣等感に見合うだけの大量殺人という手段しか残されていなかったのかもしれません。そしてこのおぞましき犯罪行為の背景に一貫として流れるもの、それが社会からの孤立と孤独感です。まるで心に乾いた風が吹くような、いたたまれないほどの荒涼な世界の中に加藤は生きていたのかもしれません。

こうしたことから考えてみるに、勇気を失った犯罪者には再犯を防ぐための自立支援と共に、人とのつながりをどう作って、どう共同体感覚を醸成させていくかという取り組みを様々な方法でやっていく必要があるのではないでしょうか。

そうして、自分は自分でいいと思えるような人との関わりを築き、自分はここにいていいと思えるような居場所を見つけられれば、孤独感に苛《さいな》まれることなく、犯罪行為で満たされないものを埋めようとすることもなく、日々の生活に潤いを取り戻していくのかもしれません。

（2）勇気づけとパーソナリティの発達

勇気をくじかれて共同体感覚が低くなり、孤独状態に置かれている方々を再び共同体の輪へつなげていくためには、様々な立ち位置の方々が柔軟に関わっていくことが望ましいでしょう。

ただ、ここにクライエントが受動的立ち位置のままでいることの限界が生じることがあります。周りがいくら関わろうとしてもいくらつなげようとしても拒否する人がいます。かたくなに壁を閉ざす人がいます。事情は様々でしょうが、中には迷惑をかけている、あるいはお世話になっているという感覚が居心地の悪さを感じさせるのかもしれません。あるいはそういった関わり自体が煩わしいからかもしれません。

また、人は与えられるだけでは自らの力を実感できず、あるいは与えられることに慣れると依存的になることもあります。ソーシャルワークは施しではありません。クライエントの生きる力を喚起しエンパワメントしていく必要があります。そのためにも、クライエントを受動的立ち位置の与えられるだけの存在に留まらせることなく、クライエント自身が与えることを通して自らの価値を感じられるよう促していく必要があります。そうしてはじめて、クライエントは自分の力で生きていける自信を感じるに違いありません。

この一連の関わりこそが勇気づけです。勇気づけとは困難を克服していく活力を与えるあらゆる関わりを言います。自分の人生を自分で引き受けるよう促していき、あなたはできると励まし、そしてその方向性が他者や共同体に向かっているかどうかがポイントです。

人は誰しもが自分の存在意義を求めるものです。誰かの役に立っているかどうか、自分が必要とされているかどうか、自分の存在が誰かに良き影響を与えているかどうか。それが実感できて初めて、自分はこの世界にいていいと思えます。この世界にいていい、自分が役に立っていると実感できれば勇気が湧きます。勇気が湧けば更に共同体に関わっていけます。つまり勇気と共同体感覚は一対です。どちらかが欠けているということはあり得ません。

ちなみに勇気は蛮勇とは異なります。危険に飛び込むこと、誰にもできないようなことに挑むこと、それらだけでは勇気の十分条件ではありません。勇気とはこの世界で起こるあらゆる困難に対し、この世界や他者に対して有用なあり方で克服していくことを言います。それがなければ、自分さえよければという他者を害することをいとわない蛮勇になってしまいます。

つまり、勇気と共同体感覚を高めていくためには、他者への関心を持ち、他者と協力し、他者や世界に貢献していくことが欠かせません。アドラーは言います。

「人生の課題はすべてそれが解決されるためには、協力する能力を必要とするのである。あらゆる課題は、人間社会の枠組みの中で、人間の幸福を促進する仕方で克服されなければならない。人生の意味は貢献である、と理解する人だけが、勇気と成功の好機を持って、困難に対処することができる」（『人生の意味の心理学（上）』Ｐ32）

おそらく、生き辛さを抱えた人たちの多くはこの点において見誤ります。いや、誤らざるを得ません。なぜなら、誰しもが生き辛ければ生き辛いほどに自分のことを考えざるを得ないからです。

そして悲しいかな、自分のことを考えれば考えるほどに自分のためにならない結果が起こるものてす。ある意味この世界の峻厳な見えないルールとさえ思えてしまいます。そして数々の降りかかる災難に益々自分のことばかり考えざるを得なくなります。そうして自己中心的なあり方と生き辛さの負の連鎖がとめどもなく続いていきます。やがて必然的に他者との距離が遠のき、自分の世界にこもります。

だから、ソーシャルワーカーはそういった閉ざされた世界にいるクライエントを受容的態度でこの世界のつながりに引き戻すと同時に、人生の意味を感じさせるよう促していく必要があります。それがアドラーの言う貢献です。アドラーは言います。

「私の努力のすべては、患者の共同体感覚を増すことに向けられる。病気の真の理由は協力しないことであることを知っている。そして、私は患者にもそのことをわかってほしい。仲間の人間に対等で協力的な立場で結びつくことができればすぐに治癒する」（『人生の意味の心理学（下）』P136）

アドラーは他者への関心と協力することは発達させることができると言います。だから、ソーシャルワーカーはクライエントが他者に協力し、貢献していくよう促し、そういった機会を提供するための支援をしていく必要があります。

その基本はやはり仕事を通してでしょうが、仕事ではなかったとしても地域の活動なり、ボランティア活動もあります。ソーシャルワーカー自身が何かを頼むことでもいいでしょう。あるいはもっと簡単なことだっていいです。単に知っていそうなことを質問するだけでもいいです。隣の駅はなんて言うんでしたっけ？でもいいし、この漢字って何て読むんでしょう？でもいいです。次のオリンピックはどこでやるんでしたっけ？でもいいです。

考えてみてほしいのです。もし自分が人生の途中で何らかのハンディキャップを負ってしまったとして、何らかの集団の中で何もできずにポツンとしていたらどんな気持ちでしょう。仮にそこが自分の居場所だとして、そこでご飯は食べさせてもらえるけれど、みんなが忙しそうにしている中で自分は何もすることがなかったらどんな気持ちでしょう。あなたはハンディキャップを持って大変でしょうからそのまま何もしないでいてと言われたらどんな気持ちでしょう。私だったらいたたまれません。そんな毎日が続いたら気が狂いそうです。

私が以前関わった方で高次脳機能障害を脳の損傷によって負ってしまった方がいました。聞けば、かつてはある大企業の支店長をしていたそうです。ところが、高次脳機能障害によって、人格も変わったように怒りやすくなり、仕事も全くできなくなって退職しました。家にいても何もできない。治癒の見込みもなく、ただ毎日食べて寝て、暗い居間にボーっとしている。かつてのご主人と大きく異なってしまったその姿に奥さんは失望して、やがて離婚し子どもと共に家を出ていきました。

その男性は完全に表情を失っていました。かつては人に必要とされ、期待され、自分の力を実感できていたその人が、家事すらほとんどできなくなってしまったのです。そして生きる根幹とも言うべき、家族のつながりまでも断たれてしまったその心の内側は計り知れないものがあります。私とは短い関わりでしたが、仮に継続してサポートしていたとしても、相当に難しいケースだったのではないかと思います。

人は何らかの自分のいる意味を感じたいのです。誰かの役に立っている実感を得たいのです。自分は透明人間ではなく、自分はここにいるんだよという証を得たいのです。その方は抜け殻のようになってしまった我が身だけ残して、それら全てを奪われてしまったのかもしれません。

私は、先ほど例に出した秋葉原の大量殺人の加藤の行為に対しては断固否定しますが、その心象風景は痛いほどに伝わってきます。加藤もまた、これら全てを奪われた透明人間の恐怖の世界にいたのでしょう。少なくとも私が加藤と同じ目と、耳と、心で、同じ状況に置かれたとしたら、私は同じことはしないまでも何かをせざるを得ないでしょう。それが何かは分かりませんが、それが人間の本質だと思うのです。そして、もしそんな時に、佐藤さんこれ知ってます?これ教えてもらえませんか?これ運ぶの手伝ってもらえませんか?などと誰かに声をかけられたら、嬉しさと共に体に温かい感覚が湧き上がるに違いありません。

加藤は運命からそういった感覚を味わう機会が与えられることなく、一人、トラックに乗って秋葉原へと向かったのでしょう。

ソーシャルワーカーは、社会から取り残され勇気をくじかれた人々に優しく声をかける存在でありたいものです。話を聞いてうなずくだけでもいいかもしれません。分かってもらえることは他者とのつながりの実感を意味するからです。そうしていく中でクライエントは次第に勇気を増し、再び共同体につながろうとするでしょう。そして、仕事でもいい、友達に対してでも家族に対してでもいい、誰かのために役に立っていることを実感できたらどれだけ自己肯定感が増すことでしょう。そして感謝されることの喜びを感じ、仲間と共に協力して苦楽を分かち合えることができれば、共同体感覚は更に増していきます。

こうしていく中で、始めはもしかしたら他者への関心や協力などとても考えられなかったその人が、他者へ関心を持ち協力するようになっていきます。これが、リッチモンドの言うソーシャルワークの最高の基準です。そしてこの一連の関わりは文字にすれば簡単ですが、そうやすやすと成し遂げられるものではないでしょう。クライエントがパーソナリティの発達をしていくためには、それに関わるソーシャルワーカー自身のパーソナリティの発達もまた不可欠です。リッチモンドが言うように、サービスとは互恵的なもの、すなわち相互関係によってなされるものなのです。

前述した高齢者安心電話相談の平成二九年度報告書には、電話相談の数値的な実績や考察に加えて、安心電話の基本原則がバイステック7原則と同様であるとしてその解説が載っています。そこには、安心電話独自の8番目の原則として「相互変容の原則」について書かれてあります。以下抜粋して参照します。

「相互変容の原則は、相談援助関係において利用者が変容の過程を経験することと同時に、相談員自身も利用者から学び、あるいは相談援助活動から得られた経験を通して変容の過程、成長の過程を歩むということです……相談員は、利用者からさまざまな影響を受けます。本来の専門知識が不足していると思えるような事態になるかもしれません。利用者自身から生き方や考え方を学ぶ事態もあります。率直に、利用者と関わったことで、専門家として、また人間としても成長できる機会を与えられます」

対人援助の仕事に就いている人であればほぼ誰しもが、自分の足りなさや不甲斐なさ、そして無力さといったものを体験することでしょう。安心電話の相談しかりです。ソーシャルワーカーは「対人援助」という非常に難解で奥の深い仕事に従事しています。1＋1＝2の世界ではなく絶対の正しい解答などありません。また、コミュニケーション能力や人格など総合力が問われます。自分の知識不足、実力不足を感じざるを得ないでしょう。劣等感はこの仕事につきものです。

私など対人援助の学びを始めて今に至るまで、いったいどれだけのお金と時間と労力をかけたかは分かりませんが、ずっと今もなお劣等感を感じ続けています。そういう意味で言えば、対人援助の学びに終わりはないと思っています。だから、クライエントとの関わりを通して自分の足りなさを感じると同時に、そこで悩んだり迷ったり動揺したりしながらも、それら全てを糧にして共に成長していくのだろうと思います。これが相互変容です。

だから今、この仕事に就いて迷っている方、悩んでいる方に言いたいことは、それでいいのではないでしょうかということです。劣等感は宝です。アドラーが言うように劣等感は決して病気ではなく努力と成長への刺激です。劣等感がもしなくなったとしたら、あなたの対人援助能力はそこで止まってしまうでしょう。努力する原動力を失うからです。

ただ、劣等感を持ち続けることはなかなかに苦痛です。そして対人援助という不確かな世界では様々な負の感情が湧いてくることでしょう。負の感情はそう簡単にはなくなりはしません。そういった不確かさや負の感情を持ちこたえる能力をネガティブ・ケイパビリティと言いますが、一つにはそういった劣等感を抱える耐性をつけること。そしてもう一つ、何よりも大切なことは、それはあなた自身が孤立してはいけないということです。

あらゆる困難が起こるのは共同体感覚に欠けている人であり、それはクライエントだけでなくソーシャルワーカーしかりです。この困難な対人援助の仕事には、とても一人の力では簡単に太刀打ちできるものではありません。絶対不可欠な他者と協力する能力がソーシャルワーカーにも問われているのです。知識を身につけることはもちろん大切なことです。対人スキルやコミュニケーションスキルを見につけるのも大事です。しかし、何よりも大切なこと、それはあなた自身の共同体感覚を高められるかどうかが、この仕事の成否を左右する核心になるでしょう。ソーシャルワーカー自身もパーソナリティの発達をしていくことで、より良い支援関係をクライエントと結べるようになっていくに違いありません。

人生の終盤の生きる意味

では最後に、ここまで何度か触れてきましたが、今後ますます進展していく超高齢社会に向けて、ソーシャルワーカーがどのように高齢者の方々を支援していけば良いのかを考察していきます。

第四章では、「人には生来、（能力を発揮したいという）有能感、（自分でやりたいという）自律性、（人々と関連を持ちたいという）関係性という三つの要求が備わっている。その要求が満たされているとき、私たちは動機づけられ、生産的になり、幸福を感じる」（『モチベーション3.0』p132）という言葉を紹介しました。しかし、これらは高齢になるに連れ、次第に満たされなくなっていきます。

それは、前にスピリチュアルペインに触れた際に、人生終盤の喪失として挙げた三つのものとも非常に似ています。一つは死を直前に将来を失うという「時間性の喪失」、次に他者との関係が途絶えるという「関係性の喪失」、そして自分のことを自分ではできなくなっていく「自律性の喪失」が人にはあるというものです。

ここには、いかんともしがたい運命による非常なまでのはく奪の印象さえ受けます。これらは言い換えるならば、アドラー心理学の二つの中核概念である共同体感覚と勇気の喪失と言ってもいいのかもしれません。

老いていく中で、かつては当然のように抱いていた次第に良くなっていく自分の未来が、いつの間にか失われていく未来へと取って代わって、その終わりの時が抗《あらが》いようもなく眼前にひたひたと迫ってきます。やがて来るその日が近づくに連れ、人との関わりが乏しくなっていき、身体の機能も衰えていきます。そして、やがて迎える全ての喪失、死に対して人はどう臨めば良いのでしょうか。

「死」をテーマにした二〇世紀の代表的な精神科医の一人であるキューブラー・ロスは、多くの死にゆく患者との対話の中で死の受容のプロセスには五段階があることを発見しました。以下になります。

【第一段階】否認……「自分に限ってそんなことはない」

【第二段階】怒り……「なぜ私なのだ」
【第三段階】取引……「そう、私なのですね。でも……」
【第四段階】抑鬱……「そうだ、私は死ぬのだ」
【第五段階】受容……「終わりはもうすぐそこに迫っています。これでいいのです」
(『死、それは成長の最終段階——続 死ぬ瞬間』p51)

この五段階は、おそらくは終末期に限らないでしょう。もっと広義の意味で人生の終盤という意味でもそうでしょうし、あらゆる喪失体験が程度の差こそあれこういった要素を帯びるでしょう。それは、人生半ばでの中途障害かもしれませんし、不治の病にかかること、あるいは大切な人の死もそうかもしれません。

そして、キューブラー・ロスが言っているように、必ずしもこの順番に経過を辿るとは限らず、全てが五段階を経るわけでもありません。キューブラー・ロスが書いたいくつかの書籍の中には終末期の方の多くの事例が載せられています。その中で、最後の第五段階目のより良き受容的な死を迎えられる人もいれば、第二段階の怒りの段階で非業の死を迎える人もいます。

そして超高齢社会にあっては、この章の最初の方で述べた応答なき天井と対峙している人や、あるいは安心電話の向こうで、孤独を抱えながら何することもなき日々を送っている人たちが私たちのすぐ隣に数多くいます。彼ら彼女らはより良き人生の終盤を過ごせるのでしょうか。受容的な死を迎えられるのでしょうか。そして、人生の意味とは何でしょうか。

キューブラー・ロスはその点について、やり残した仕事という言葉で様々に述べています。

「人生を十分に生きてきた人は、生きることも死ぬことも恐れないでしょう。十分に生きたということは、やり残した仕事がないということです」（『「死ぬ瞬間」と死後の生』P84）

では、やり残した仕事とは何でしょうか。キューブラー・ロスは言います。

「やり残した仕事を片付けてしまえば、それまで抑えていた憎しみや欲や悲しみなど、否定的なものをすべて吐き出してしまえば、あなたは気づくでしょう。――二十歳で死のうが、五十歳で死のうが、九十歳まで生きようが、もう問題ではない。もう何も心配することはないのだ、と」（『「死ぬ瞬間」と死後の生』P119）

人は、誰しもがそれぞれの事情や役割を抱えて生きています。そのため、自分の本当の気持ちを言わずに抑えて生きている人は意外に多いものです。それは、小さい頃であれば、お兄ちゃんだから、お姉ちゃんだからと親から言われたことによって自分の思いを言えなかったという人もいれば、親に逆らってはならなかったという人もいます。長じては、母となって自分のことはさておき家族のために身を捧げる人もいます。あるいは父として、社長として、何らかの役割や期待に応えようと役割の自分を生きます。そうして、自分の望みや本当の思いを抑えていつかその日が来ることに思いを馳せながらも、ふと気づいてみたらそれらが未完了なままに、もはや果たせそうにない状態で人生の終盤を迎えます。

緩和ケアで多くの人を看取ってきたブロニー・ウェアはその著書『死ぬ瞬間の5つの後悔』の中で、終末期を迎えた人々の最も多かった後悔の言葉が「自分に正直な人生を送れば良かった」という言葉だったと言っています。いったいどれだけ、世間体や家族のしがらみなどから本当の自分を生きていない人がいるのでしょう。人生とは他の誰かになる旅でもなければ他の誰かの期待に応える旅でもなく、本当の自分になる旅であり本当の自分を生きる旅です。それが本来、私たち全ての人にとってのゴール像でしょう。ブロニー・ウェアが言う「自分に正直な人生を送れば良かった」という言葉は、本当の自分を生きることがいかに難しいことなのかを象徴しているのかもしれません。

また、日本のホスピスの草分けである柏木哲夫は、末期患者の思いの中で大きな位置を占めるものは、「謝罪」だと言っています。人は誰かに謝ることができず罪悪感を抱えたままに死にたくはないのかもしれません。

こういった様々なことから考えてみるに、キューブラー・ロスが言った「やり残した仕事」というものは、何らかの未完了の感情と言ってもいいのかもしれません。

つまり、人生の終盤を迎えた人の中にはもうやり残した仕事はないと安らかな表情で過ごしている人もいるでしょうが、何らかの事情があってソーシャルワーカーの前に来た高齢者の多くは、もしかしたら未だ消化されないままに心の奥に沈殿した感情を抱えて、今に至っているのかもしれません。

そういった方々の中には、感情の起伏が激しい方もいれば、逆に表情のない方もいるかもしれません。あるいは一見穏やかそうな顔をしている人もいることでしょう。

そういった方々にソーシャルワーカーができることは何でしょうか。やはりなんと言っても、日常でやり取りする会話にはバイステックの7原則をベースに答えるのが基本でしょう。ただ、ふとした瞬間に、本人の思いや感情が乗った言葉が吐露されたり、あるいは沈黙の中に憂いを帯びたような表情を垣間見せるかもしれません。そんな時、どう対応すればいいのでしょうか。

この時必要なことはもはや会話ではなく対話です。訓練された心理カウンセラーではないソーシャルワーカーはもしかしたら戸惑うかもしれません。いや、訓練された心理カウンセラーでさえ、どう答えようかと戸惑うかもしれません。あるいは沈黙の重さに耐えがたくなるかもしれません。

この時、うかつに発した言葉はもしかしたら空をさまようかもしれません。必要なことは自分の意識をその人と同じレベルに合わせること。周波数を合わせるチューニングのようなものです。そのために、ただただ耳を澄ますこと。ただただ思いを馳せること。たとえ同じにはなれなくとも、その人の目となり、耳となり、心となって、ただ側にいて共にあること。共に感じること。そのあり方でいられた時、おそらく、ほとんど言葉を発することができないかもしれません。発してもごく短いやり取りかもしれません。私はそれでいいと思うのです。なぜならその時、何か言わなきゃと発する言葉の多くは、かえって間を乱す雑音になりかねないからです。

物言わぬ天井ではなく、目の前のその人が、物言うことなく自分を尊重してただ無心に話を聞いてくれる、ただそこに自分と共にいてくれる。それがどれだけありがたいことか。どれだけ心休まることか。私はそれでいいと思うのです。

真の傾聴とは、アドラーの言う、相手の目で見て、相手の耳で聞いて、相手の心で感じることが最大限に成されたときのことを言うのかもしれません。

こうして人生の終盤において、様々な喪失体験を経てもなお残った純度化された感情、すなわちやり残した仕事がたとえ目の前の人にあったとしても、その思いに耳を澄まして関わることで、その人は心安らぎます。そのつながった感覚、それが共同体感覚です。

そしてもう一つ、人生最後の試練としてアドラーは次のように言います。

「〔人生〕最後の試験は、加齢と死を恐れることである。子どもという形で、あるいは文化の発展に貢献したことを意識することで、自分の不死を確信している人は、加齢と死を恐れることはない」（『生きる意味を求めて』P55）

人生の意味は貢献と言ったアドラーが、加齢と死に直面した人の最後の生きる意味を、自ら亡き後へつながる貢献と言ったのです。それは子孫を残すことかもしれない、あるいは有益な仕事を遺すことかもしれない。あるいはそんな大層なことではなくても、自らが生きた証を誰かが感じてくれること、誰かに伝えたいメッセージを言い終えること、そういった残された人たちへ何かをつなげられた実感が得られればいいのかもしれません。

そういう意味で言えば、人はその生を受けやがて死ぬその時にまで、共同体に生まれ、共同体の中に生き、共同体から離れて死してなお、一環として人とのつながりの中に生きるのでしょう。

あらゆる人生の問題は対人関係の問題と言ったアドラーが言うように、対人関係の悩みは決して避けられるものではありません。ソーシャルワーカーは、その対人関係の失敗や対人関係が希薄な孤独の中で悩める生き辛さを抱えた方々を、決してそのまま見過ごすことなく、心と心をつなげて共同体に包摂していく役割を求められているのではないでしょうか。

最後にアドラーのこの言葉をご紹介します。

「人間が社会の中に住んでいるのは、個人が劣っており、弱いからである。共同体感覚と社会的な協力は、それゆえ、個人を救済するものなのである」（『個人心理学講義』P167）

第五章のまとめ

●困難を前にためらったり回避しようとするものをアドラー心理学では劣等コンプレックスと言う

●過度の劣等感を抱えた人が困難から逃れるために、見せかけでもいいので優れている証《あかし》を得ようとするものを優越コンプレックスと言う

●人は話を聞いてくれる他者の存在と応答があってこそ自分自身を確認できる

●人生の終盤において避けられないことはあらゆる意味での喪失体験

●クライエントのパーソナリティの成長のためには、ケースワーカーすなわちソーシャルワーカーの暖かい関心が必要であり、そしてそのためにはソーシャルワーカー自身も成長していかなければならない

●共同体感覚とは他者を仲間と思い、自分の居場所がある感覚のこと

●共同体感覚の程度が人生で起こる諸困難の失敗にも成功にも大きく左右する

●人の行為を、原因と目的という二つの「わけ」で考察することで、より多面的な理解と違う対応策が考えられる

●勇気を失った犯罪者には再犯を防ぐための自立支援と共に、人とのつながりをどう作って、どう共同体感覚を醸成させていくかという取り組みを様々な方法でやっていく必要がある

●クライエントを受動的立ち位置の与えられるだけの存在に留まらせることなく、クライエント自身が与えることを通して自らの価値を感じられるよう促していく必要がある

●勇気づけとは困難を克服していく活力を与えるあらゆる関わりを言い、自分の人生を自分で引き受けるよう促していき、あなたはできると励まし、そしてその方向性が他者や共同体に向かっているかどうかがポイント

●勇気と共同体感覚を高めていくためには、他者への関心を持ち、他者と協力し、他者や世界に貢献していくことが欠かせない

●人は何らかの自分のいる意味を感じたい。誰かの役に立っている実感を得たい。自分は透明人間ではなく、自分はここにいるんだという証を得たい

●他者と協力する能力がソーシャルワーカーにも問われている。自身の共同体感覚を高められるかどうかが、この仕事の成否を左右する核心

●キューブラー・ロスが言った「やり残した仕事」というものは、何らかの未完了の感情
●真の傾聴とは、アドラーの言う、相手の目で見て、相手の耳で聞いて、相手の心で感じることが最大限に成されたとき

おわりに

いかがだったでしょうか。ソーシャルワーカーや対人援助職の仕事に就くきっかけは人それぞれでしょう。近所の求人募集を見て勤めたところが福祉関係の仕事で、そこから気づいたらソーシャルワーカーとして働いていたという人もいます。ある方は、小学校時代に見たソーシャルワーカーのインタビュー記事を見て感動してソーシャルワーカーになることを決めたと言う方もいます。アドラーのように幼少期に自分が病気になったり兄弟が幼くして亡くなったことで人を救う道を選ぶ人もいます。

ちなみに私の場合は、三〇代半ばの頃、長年勤めていた麻雀店でのあまりの荒んだ状況に自分の人生はこれでいいのだろうかと深く悩んだのがきっかけです。この仕事を辞めようと決意したものの、自分が何をしていけばいいのか真っ白でした。おまけに当時は、あがり症があまりにひどくてどんな仕事もやっていける自信がありませんでした。毎日寝る前に私を天職に就かせてくださいと祈っていたことを覚えています。

そしてある日、そうだと思い、いわば人生の棚卸のようなものをしました。自分の人生を幼少期から今に至るまでとことん振り返って自分と向き合った結果、もしかしたら自分は弱い立場にある人のために生きている時、自分が自分である実感を得られるのではないかと思いました。そこから道を模索し始めて見つけたのが、社会福祉士の資格、すなわちソーシャルワーカーの仕事でした。

そこから私の対人援助の歴史が始まりました。福祉の専門学校に入ってすぐ、生まれて初めて福祉関係のアルバイトに就きました。重度心身障害者施設の仕事です。そこでの体験は衝撃的でした。大きな部屋に一〇人ぐらいの重度心身障害者の方々が布団に寝ていたり、カーペットの上にただ座って言葉にならぬ言葉を発していたり、あるいは床の上をうなり声を上げながら這いつくばって移動している人もいました。私の知らない世界がそこにありました。

ただ、それ以上に印象的だったのは、そこで働いている二十代半ばの若い職員の方々でした。あまりにも明るく、あまりにも元気で、けれど何よりも仕事に対して厳しく真剣に取り組んでいました。私は彼らとは一回り年齢が違いました。けれど私はずぶの素人で、しかもこの世界で生きていくために何とか吸収しなければと必死でした。そんな私に若い職員の方々は本当に親切に、そして誠実に教えてくれました。若き先輩たちに「佐藤さん」と呼ばれる度に、私は「はい！」と大きな声でいつも返事していたことを覚えています。

忘れられないいくつかの出来事を覚えています。うなり声を上げて床を叩いたり手を動かし続ける方の排泄介助を終えて、元にいたところに戻した時のことです。私は、佐藤さんと若きリーダーの方に呼ばれました。私は、はいと答えてそちらに行きました。あれ見てどう思います?と聞かれました。私が床に降ろして座らせた利用者の方のことです。何のことだろうとそれを見ても分からなくて戸惑いました。リーダーの方は黙っていました。ややあって私はハッと気づきました。みんな何気なく床の上に座ったり寝ているようでいて、実はみんなが部屋の中央を向くように配置させていたことにその時気づいたのです。にもかかわらず、私はその方をよりによって壁に向かせて座らせていたのです。その方はみんなに背中を向けて一人、壁に向かってうなりながら床を叩いていました。私は慌てて走っていき、その方の向きを変えて座り直してもらいました。その方は、認識能力はないと言ってよいほどの重い方でした。私は無意識的にその方を人として見ていなかったのかもしれません。まるで物を運んで物をそこに置くかのように扱ったのでしょう。その心のあり方を見透かされたような気がして、恥ずかしさのあまりに顔から火が出そうな思いをしたことを覚えています。

また、利用者の方の排泄介助のために二人でトイレに入ることがしばしばありました。中には凄まじい力で暴れる人もいます。あるいはおとなしく座って用を足す人もいます。いずれにしても密室です。そして彼らは意思疎通することや物事を認識することが非常に難しい状態の方です。私が何をしてもしなくても誰も見ていません。真面目にやってもいい加減にやっても誰に知られることもありません。この密室が社会から全く見えない世界に確かに存在し、今の私と同じように一対一で向き合ってる人が他にもいるのだと思うと、背筋が寒くなる思いがしました。全てはその人のあり方次第でいかようにもされるからです。私はその時、虐待は必ず起こるに違いないと確信しました。

私はこの密室の深い静寂の中、利用者のパンツを降ろし、うーうーとうなり声を上げる利用者と向き合いながら様々なことを考えました。いったいこの人の生きる意味とはなんなんだろう。いったい何のために生まれてきたんだろうと。どれだけ考えても私の理解の範疇を越えていました。あるいは、マザー・テレサだったらどうするんだろうとも考えました。すぐに答えが出ました。きっと目の前の人の中にキリストを見て尽くすのだろうと。

私はこの職場で人の尊厳、そして仕事とは何かを若き先輩たちから学びました。目線の位置、利用者の薬や持ち物への意識、身体が不自由な方へのおむつの仕方や移乗の仕方。誰見るところのない細やかな所への真摯な姿勢に、ただただ居住まいを正される思いでした。

わずか半年の間でしたが、あの頃に帰ってまた一緒に働いてみたいなとか、あんな風に心がまっさらになるような体験をもう一度してみたいなと、今でも思う時があります。

どうしても人は、三年、五年、一〇年と経験を積み、学びを深めると自信を持つようになります。これ自体は何ら問題ないことでしょう。ただし本当に紙一重だと思います。少しでも気持ちを緩めれば簡単に慢心になり得ます。慢心は謙虚さを失わせ、吸収する力を失わせます。この業界で長年働いていると、自分自身を含めそれを強く感じます。

そして、あまりに慌ただしい毎日の中で目の前の仕事に忙殺され、時にこれでいいんだろうかと思うような不本位なケースに関わることがあります。答えの分からぬままにうやむやになったり後ろめたさを感じるような思いをすることもあります。けれど立ち止まってはいられません。次々に新しい仕事がやってきます。慌ただしさに追われ感情がすり減っていく中、自分にとって、利用者にとって、親御さんにとって、所属する組織にとって、あるいはもっと大きな人間性という視点で、何が正しくて何が正しくなくて、どうすればいいのか、どうして行けばいいのか、ソーシャルワーカーや対人援助の仕事に就く人は見失ってしまうことがあります。

何もソーシャルワーカーに限りません。この本でも少し書きましたが、終末期の患者に関わった医師の方々が無力さを感じたり、あるいはまるで儀式のような蘇生措置を行っていた時代への不本意な思いを吐露された本をしばしば見ます。医師は患者を治療することが仕事です。にもかかわらず、終末期になると何も治療できない状況になっていき、いったい何のための知識と技術なのかと自分の存在意義を見失います。命を延ばすべく心臓が止まった後に蘇生措置が当然の作業のように取られ、時に延びたこともあったのかもしれません。けれどそれは何のためだったのでしょうか。本人の望むことだったのでしょうか。

対人援助の仕事に就き、患者や、クライエントや、利用者をどう支援していけば良いか分からず迷っている時、しばしば本当の目的を見失って手段が目的になってしまっていることがあります。手段とは延命することであったり、治療することであったり、就職することであったり、学校に行くことであったり、入院することであったり、施設に入ることであったり様々でしょう。そして本当の目的を見失って手段が支援者や周囲の目的になってしまった時、患者やクライエントは置いていかれてしまいます。これが本人抜きに本人のことを決めるな、です。私たちは良かれと思って人を望まぬ方向に導き得ることを肝に銘じておくべきでしょう。

では本当の目的とは何でしょうか。私たちは自分の仕事はいったい何のために、そしてどこへ向かっていくべきかというゴール像を意識する必要があります。この仕事を通して患者がどうなればいいのか、私たちが関わることを通してクライエントや皆にとって一番望ましいあり方は何なのか。その原点は、まず何よりもクライエントこそが主人公であるということです。私たち対人援助職やソーシャルワーカーは、一貫としてクライエント中心主義でなければなりません。それを尊重するあり方がバイステックの7原則です。

そして目指すべきゴール像、それはアドラー心理学の核心である共同体感覚を増すことによって他者と仲間になり、自分が所属できている実感を持つことではないでしょうか。この本で何度も述べてきましたが、あらゆる生きづらさの本質は孤立と孤独です。孤立とは状況を意味し、孤独とは精神的な状態を意味します。この二つは相互に絡み合います。

人間は本来動物であり、一人でいると猛獣に襲われたり様々な困難があります。群れという集団に所属することによって自分の安全を確保します。人は一人では生きられません。人は人と人とのつながりによって生きていくことができます。そのために言葉が生まれ、文字が生まれ、より緻密なコミュニケーションをすることで集団的な強さ、そして自分自身の安全を確保するようになったのです。群れからはぐれて置いて行かれた人は本能的に生存の危機を感じます。

ヒトラーは優生思想を取り、群れの中で劣等なものを排除して優れたものだけ残そうとユダヤ人や障害者を虐殺しました。精神科医等もそれに加担しました。それが机上の暴論であったことは歴史の真実です。むしろ一定の割合で発生する障害こそが人類の進化にとって欠かせなかったという説も耳にします。障害や年齢、容姿、人種、能力などの差異は人間が人間である以上なくなることはないでしょう。けれど、差別は人間の価値判断である以上、たとえなくなることはなくても減らしていくことはできます。

私たちは教育や啓発を通して差別を減らし、差異ある多様な個性を共同体の仲間として包摂していく必要があります。そもそも差異があるからこそ共同体は成り立ちます。均質な個性しかない集団はやがて滅びるでしょう。多様な差異があるからこそそれぞれの違いを活かして分業を成り立たせます。差異こそが集団の力になるのです。そして差異が人の配慮を促し優しさを生みます。

だから、ソーシャルワーカーに求められることは、差異を持つ他者を尊重し、共同体の一員として迎え入れる仲介役となること、そして共同体の血流となって他者と社会をつなげていく役割を果たしていくことと言えるでしょう。

シンプルに言いましょう。アドラー心理学から見たソーシャルワークの目標、それはクライエントが自分の力で生きていけるよう勇気づけ、共同体感覚を増すことによって共同体の一員として所属できている状態をクライエントと共に実現することです。

ソーシャルワーカーは一貫して共同体感覚を意識していく必要があるでしょう。それはソーシャルワーカーにとっての羅針盤となり、たとえ道に迷っても、暗雲に覆われても、たとえ転んでも、いついかなる時も変わらずそこにあり続ける目指す理想への道標として私たちを導いていくに違いありません。

謝辞

この本を書くきっかけとなったアルテの市村社長に深く感謝申し上げます。私にとってはここまで対人援助の仕事を通して学んできた一つの集大成となりました。この仕事を通して出会った、同僚、上司、師、大先輩、仲間、友人、家族に支えられてここまで続けて来ることができました。そして、これまで私と関わってきた利用者とクライエントの皆さんのおかげで、私もまた成長できました。全ての関わってきた皆様に心から感謝申し上げます。

対人援助職向け研修、講演、専属カウンセリングのご依頼は、佐藤たけはるカウンセリングオフィス
https://www.takeharukokoro.jp からお気軽にお問い合わせください。

二〇二〇年（令和二年七月）

佐藤　健陽

（参考文献）
『アドラーの生涯』エドワード・ホフマン、岸見一郎訳、金子書房
『無意識の発見』アンリ・エレンベルガー、木村敏・中井久夫監訳、弘文堂
『人生の意味の心理学』アルフレッド・アドラー、岸見一郎訳、アルテ

『個人心理学講義』アルフレッド・アドラー、岸見一郎訳、アルテ
『生きる意味を求めて』アルフレッド・アドラー、岸見一郎訳、アルテ
『個人心理学の技術Ⅱ』アルフレッド・アドラー、岸見一郎訳、アルテ
『勇気はいかに回復されるのか』アルフレッド・アドラー、岸見一郎訳、アルテ
『アドラー心理学の基礎』R・ドライカース、宮野栄訳、野田俊作監訳、一光社
『アドラー心理学入門』岩井俊憲、かんき出版
『ソーシャル・ケースワークとは何か』メアリー・E・リッチモンド、小松源助訳、中央法規
『「ケースワークの原則」援助関係を形成する技法』F・P・バイステック、尾崎新・福田俊子・原田和幸訳、誠信書房
『看護に活かすスピリチュアルケアの手引き』編集：田村恵子、河正子、森田達也、青海社
『「ユマニチュード」という革命』イヴ・ジネスト、ロゼット・マレスコッティ、誠文堂新光社
『モチベーション3.0』ダニエル・ピンク、大前研一訳、講談社
『人間をみつめて』神谷美恵子、みすず書房
『開かれた対話と未来』ヤーコ・セイックラ、トム・アーンキル、斎藤環訳、医学書院
『エンパワメントと人権』森田ゆり、解放出版社
『日本でいちばん大切にしたい会社』坂本光司、あさ出版

『LIFE SHIFT（ライフ・シフト）――100年時代の人生戦略』リンダ・グラットン、アンドリュー・スコット、池村千秋訳、東洋経済新報社
『オープンダイアローグとは何か』斎藤環著＋訳、医学書院
『社会的処方』西智弘編著、学芸出版社
『平成29年度厚生労働省地域自殺対策強化交付金（自殺防止対策事業）「高齢者のための夜間安心電話 平成29年度活動報告書――明日につなげる心の安心」』東京社会福祉士会 電話相談事業研究開発委員会
『死、それは成長の最終段階――続 死ぬ瞬間』E・キューブラー・ロス、鈴木晶訳、中公文庫
『死ぬ瞬間』E・キューブラー・ロス、鈴木晶訳、中公文庫
『「死ぬ瞬間」と死後の生』E・キューブラー・ロス、鈴木晶訳、中公文庫
『死ぬ瞬間の5つの後悔』ブロニー・ウェア、仁木めぐみ訳、新潮社
『「死にざま」こそ人生』柏木哲夫、朝日新書

◆著者

佐藤　健陽（さとう　たけはる）

秋田県出身。福島大学経済学部卒業。佐藤たけはるカウンセリングオフィス代表。あがり症克服総合情報サイト主宰。社会福祉士、精神保健福祉士、シニア・アドラー・カウンセラー。麻雀店勤務、障害者就労支援の仕事を経て、2017年カウンセリングオフィス開業。アドラー心理学ライフスタイル診断をライフワークとしている。産業カウンセラー北関東支部講師、東京社会福祉士会にて高齢者安心電話相談員や自殺予防ソーシャルワーク委員会所属。佐藤たけはるカウンセリングオフィス https://www.takeharukokoro.jp/ 著書に『人前で話すのに自信がつくアドラー心理学』（アルテ）『あがり症は治さなくていい』（旬報社）。

ソーシャルワーカーのためのアドラー心理学
――どうすればクライエントを支援することができるのか

2020年10月25日　第1刷発行

著　者　佐藤　健陽
発行者　市村　敏明
発　行　株式会社　アルテ
〒170-0013　東京都豊島区東池袋2-62-8
BIGオフィスプラザ池袋11F
TEL.03(6868)6812　FAX.03(6730)1379
http://www.arte-book.com
発　売　株式会社　星雲社
（共同出版社・流通責任出版社）
〒112-0005　東京都文京区水道1-3-30
TEL.03(3868)3275　FAX.03(3868)6588
装　丁　Malpu Design（清水良洋＋高橋奈々）
印刷製本　シナノ書籍印刷株式会社

ISBN978-4-434-28040-5 C0011